Accidental Brandin

How Ordinary People Build Extraordinary Brands

直感のブランディング

「普通」の人が「特別」を生みだした7つの物語《ストーリー》

デイヴィッド・ヴィンジャムリ 著

佐野 真一 ビーピーメディア株式会社 代表取締役 監訳　上原裕美子 訳

EIJI PRESS

直感のブランディング

ACCIDENTAL BRANDING

How Ordinary People Build Extraordinary Brands

by

DAVID VINJAMURI

Japanese translation rights arranged with
John Wiley & Sons International Rights, Inc.
through Japan UNI Agency, Inc., Tokyo.

監訳者まえがき

私はブランド大好き人間である。とは言っても、いわゆるブランド品やラグジュアリーブランドを指しているのではない。人はなぜブランドを好きになるのか、ロングセラーブランドをどうしたら創れるのか。ブランドという、企業経営にとって最もかけがえのない無形の価値に、永年にわたって魅せられてきた。

一九九〇年代の半ばから日本にも多くの「ブランド論」が紹介されるようになった。それまで漠然と頭の中で感じたり、思ったりしてきた内容が整理され、ストラテジーとして語られるようになったことを大いに喜んだ覚えがある。すでに「ブランディング」という言葉もポピュラーになり、一方でブランド論のセオリーをいくら理解してもブランディング（ブランドづくり）

に成功するとは限らないことも、もはや明白だ。

本書の著者、ニューヨーク大学でマーケティングを教えるデイヴィッド・ヴィンジャムリ氏は、非常にユニークな方法でブランディングに成功する法則を見出そうとした。通常ならば、ナイキやアップルなどのビッグネームとなったブランドや、マーケティングに優れた企業を取り上げて分析するだろう。しかし著者は、独自性が強く、ある程度の時を経て成功したブランドばかりを取り上げた。そのため、本書で取り上げられている七つのブランドは、日本ではまだ馴染みがないネームも多い。影響力のあるブランドを選び、その創立者を訪ねて私生活まで密着し、立ち上げ当時から転換点までの話を聞き、それらの共通項を考察した。インタビューの内容は学者というよりも、さながらノンフィクション作家のようだ。


本書で紹介するどのブランドも、その創立者が立ち上げ当初に体験した何らかの幸運なアクシデント（偶然）がきっかけとなって誕生している。原題が〈アクシデンタル・ブランディング〉であるのは、それが理由だ。そして、その誰もが「普通」の人たちなのだ。つまり、MBAでマーケティングを学んだとか、ブランド戦略の訓練を受けたとかではなく、創立者が自らのニーズを解決すべく創出したブランドに焦点を当てたのだ。

にもかかわらず、読み進めると読者は「ブランド論」のセオリーと共通する多くの点に気づくのではないだろうか。なぜなら、ブランディングの知識のない彼らが直感的に下した数々の決断こそが、実はブランドづくりの本質を捉えていたからだ。パワーポイントで書かれたようなブランドコンセプトや製品戦略などではなく、もっと純粋なブランドづくりのストーリーにぜひ触れていただきたい。その一方で、マーケティングの通念を打ち破り、それゆえ強い優位性を獲得している。本書の終章でもある「〈アクシデンタル・ブランド〉を築く六つのルール」は、昨今の通念とは相容れないものばかりだ。

本書にはもうひとつ、通常のブランドの教科書にないテーマがある。それはブランドづくりと企業経営の間にある葛藤だ。著者は、本書で取り上げた企業家たちにはもともと二つのタイプがあると述べている。ブランドの成長とともに身内からの家族経営から脱皮して人生をビジネスに賭けるグループと、会社経営や事業を捨てて自分らしい人生を選択するグループのことだ。ブランド拡張が、ブランド価値向上とイコールではないことは言うまでもない。M&Aや成長ばかりを追い求めるブランドと対比して、「〈アクシデンタル・ブランド〉は、ゆっくりと成長する」という言葉は印象的だ。

ブランドづくりは人づくりだと、私は思っている。なぜならブランドは、創始者の「人となり」はもちろん、引き継いだブランドづくりを行う企業の人格が投影されたものだからだ。グローバル企業の多くがとてつもないエネルギーを人材育成に注いでいることは、ブランドづくりの最大のエッセンスを理解しているからだろう。

最後に、本書の出版にあたって英治出版の鬼頭穣さんには大変お世話になった。また、いつも相談相手になっていただきながら、今回も翻訳・調査に携わってくれた上原裕美子さんにも心から御礼を申しあげたい。

ビービーメディア株式会社　代表取締役社長　佐野 真一

直感のブランディング

目次

はじめに

本書は、企業家たち、そして彼らの卓越したエピソードを紹介する一冊である。この企画を思いついたのは、私がニューヨーク大学で教えている授業で出した課題がきっかけだった。マーケティングの正式なトレーニングを受けずにビッグな消費者ブランドを生み出した企業家について、レポートを書くよう指示したのだ。

提出されたレポートの一つに、ロクサンヌ・クインビーのエピソードが紹介されていた。自然派化粧品「バーツビーズ」の創業者で、雑誌や新聞でも取り上げられたことがある。レポートを書いた学生はロクサンヌの娘と間接的に知り合いだったため、内輪の情報を入手していた。それが、にわかには信じられない内容だったのだ。ロクサンヌ・クインビーは五歳になる双子の娘を連れてメーン州でテント暮らしをしていたときに、養蜂家のバート（ブランド名になっている男性）の存在を知る。その後、ヒッチハイクしていたロクサンヌをたまたまバートが拾う。それが縁となって、彼女は四〇〇ドル程度の初期投資で事業を始め、結果的には二〇〇三年に一億七五〇〇万ドルで売却することになったほどの大帝国を築き上げたのである。まるで夢物語だが、真実の物語だ。しかも、のちにメーン州を訪れて本人に会ったところ、現在の彼女がさらに意表をつく活動に身を投じていることもわかった。

圧倒的に不利な状況を覆し、大規模かつ価値ある消費者ビジネスの構築に成功したロクサンヌ・クインビーのような企業家について、他にも調べてみたい――私はそう考えるようになった。そしていざ着手するやいなや、ロクサンヌの例と同じくらいドラマチックで、世間の目に触れていないエピソードが続々と見つかったのだ。たとえば、栄養補助食品メーカー「クリフバー」のゲイリー・エリクソンは、自分がゼロから立ち上げた事業をどうしても手放したくないという理由で、六〇〇〇万ドルが手に入るチャンスに背を向けた。スポーツアパレル・ブランド「コロンビアスポーツウェア」のガート・ボイルは、ある日突然に未亡人となり、その三日後に夫の経営していた会社を引き継ぐことになった。彼女の積んだ経歴といえば、二十二年間の専業主婦生活だけだ。また、地域情報交換サイト「クレイグスリスト」のクレイグ・ニューマークは、自ら起業した会社のＣＥＯから、顧客サービス担当へと自主的な降格を選んだ。エリック・マルカは、唯一の高価な財産だった真っ白のＢＭＷを売り払い、ミリアム・ザオイとともに立ち上げたヒゲ剃り用品ブランド「ジ・アート・オブ・シェービング」の一号店の資金に充てた。乳幼児向けビデオや玩具のブランド「ベイビー・アインシュタイン」のジュリー・アイグナー・クラークは、第一子を育てながら商品の構想を練り、第二子が生まれた頃にはその商品を全国で販売するに至っていた。通信販売「J・ピーターマン」のジョン・ピーターマンは、十年以上かけて築き上げた事業が、一気に崩落していく様子を目の当たりにした。そして今、再び事業の立て直しを図っているところだ。テレビや地元のスーパーの陳列棚で毎日目にするような何千という偉大なブランドを軽んじるわけではないが、私は、こうした企業家のストーリーこそ読む価値があると考えている。

こうした素人が生み出した七つのブランドの物語には、我々が学ぶべきものがある――それが本書のテーマだ。「アクシデンタル・ブランドを築くもの」と題した章で、私の考察を提示しているが、章立てどおりに読まなければいけないとは思わないでいただきたい。興味を持った章があったら、どうぞそこからめくってほしい。今すぐでもいい。驚くべきブランドと、それを支える勇ましい企業家たちのエピソードを読めば、読者もきっと私と同じ結論に達するだろう。楽しんでいただけることを願っている。

二〇〇七年、ニューヨークにて　デイヴィッド・ヴィンジャムリ

序　章

What Is an Accidental Brand?

〈アクシデンタル・ブランド〉とは

企業家たちには本当に心を惹かれる。私は子供の頃から数々の企業家と触れ合ってきた。夕食の席でもつねに誰かが話題にのぼった。八年生のときに授業の一環として、今では全米展開している日用品店チェーン大手「スチュー・レオナルド」の創業者スチュー・レオナルドの講演を聞いたのは忘れられない。一九七〇年代後半のことだ。彼は、顧客の言葉に耳を傾けること、ルールを打破していくことについて語った。彼の話を聞いて、日用品店の経営は胸躍る仕事だと思うようになった。また高校・大学時代は、夏休みに創業まもない企業でコンピュータ・プログラマーとしてアルバイトをした。しかし大学卒業後は無難な道を選び、大手の戦略コンサルティング会社に勤める。その後、大学院に入り直し、企業の財務部の仕事を経験してから、消費財のブランドマネージャーという役職に就き、紆余曲折を経ながらもその仕事で十年以上にわたって仕事をしてきた。

そして二〇〇三年、私もついに一人の企業家となる。企業のブランド管理者を対象にマーケティングの理論と実践を教える会社を立ち上げたのだ。また、ニューヨーク大学でもマーケティングを教えるようになった。受講生はMBA取得を目指す学生ではなく、仕事をしている社会人だ。営業や経理など別の部署から異動になって、本人にとっても予想外の経緯でマーケティングの世界に足を踏み入れた人がほとんどだった。現代の一般消費財大手企業が実践するブランド・マーケティングには、独特の用語があり、独特の手法や習慣がある。部外者には威圧的に感じられるだろうし、排他的で狭い世界だ。新しいメディアの急速な発展により、こうした環境も多少は変化しているものの、マーケティングの世界が今も足を踏み入れにくい領域であることに変わりはない。

二〇〇五年夏、私はその授業の最終課題を出した。ブランド開発とポジショニングについての授業を踏まえて、「MBAホルダーでもなければマーケティングのトレーニングも受けていない企業家が立ち上げ、成功した一般消費財の企業」というテーマでレポートを書くこと。これからマーケティングのキャリアを築こうとしている受講生にとって、何らかの自信と刺激を与えるだろうと考えたのだ。また、そうしたブランドの一部を授業で取り上げ、大手企業のブランドと比較検討ができると思っていた。だが結果には驚いた。どのレポートにも、ぶれない焦点を持ったブランドで大手企業を打ち負かした企業家が紹介されていた。そしてどのケースにも、企業家たちの行動にはいくつかの共通点があった。私が企業のマーケターとして働いていた頃に学んだ「常識」とは、まるで違う特徴を持っていたのだ。

実を言うと、私は何年も前から、従来のマーケティングの「通念」「常識」といったものに違和感を抱いていた。セス・ゴーディンの著書『パーミッションマーケティング』（阪本啓一訳、翔泳社、一九九九年）を読んだときは、目を開かされる思いがしたものだった。二〇〇〇年当時、私はコカコーラ社を辞めて、インターネット広告会社ダブルクリックでマーケティングチームを率いていた。だがセス・ゴーディンは、私が実践していたマーケティングモデル全体──同じ言葉を反復して一斉射撃のように行う売り込み方法──に疑問を投げかけていたのだ。一般的なマーケティングの駆け引きとしては、自社商品に興味を持つであろう消費者の耳に、少なくとも三回はブランドメッセージを届けなければならない。できるだけ押しつけがましいメッセージ──我々はそれを、「埋もれないように際立たせるメッセージ」と表現するが──を流せば、消費者の記憶に残る可能性が高い。その成否を、「助成想起」や「純粋想起」といった記憶に関連する用語で計測する。ブランドの名前が繰り返されることで認識するのが「助成想起」、製品タイプを言われただけで自然と商品名を思い浮かべるのが「純粋想起」だ。

しかし、自身も企業家であるセス・ゴーディンは、オンデマンドで情報が手に入る時代には、こうした戦略は失敗する運命にあると主張した。現代の消費者はあまりにも多くのコマーシャルメッセージに晒され、生活を侵食する広告に苛立ちを感じるようになった。コマーシャルの干渉なしに自分の求めるもの、たとえば、ニュースや株価情報などを入手する能力を獲得した消費者は、マーケターを追い出しにかかっている。ゴーディンに言わせれば、消費者との関係性とは、価値の交換だ。ブランドへの興味を持たせるためには価値を提供しなければならないが、同時に「あなたと結びつきを築いてもよいか」と率直に許可《パーミッション》を求める必要がある。この許可を得ることによって、ブランドと消費者とのあいだに強固で持続性の高い関係性が創出されるのである。

恥を忍んで白状するが、二〇〇三年、アメリカ国内で大々的な展開を狙うプライベートブランドから仕事の依頼を受けたときの私は、まだ従来のマーケティング習慣を用いていた。クライアントの新商品の幅広い知名度を確保するために、何百万ドルという予算を投じた非常に古典的な立ち上げプランを作成した。手法の一つとしてバイラル・マーケティング的な要素も加えたし、有力なPR会社も起用したし、インフルエンサー（医者やジャーナリストなど、他人の購買判断に影響を及ぼす人物）にターゲットを絞った作戦も実行した。それでも私のマーケティングプランはまだまだ通例的な域を出ず、昔ながらの手法から離れられていなかったのである。

だが、その一年で私はさらに違和感を強めるようになった。多くのデータが、広告はもはや二十年前ほどの効果が出にくいと示していた。私は、社内外から参加者を募って読書会を立ち上げ、マルコム・グラッドウェルの著書『ティッピング・ポイント――いかにして「小さな変化」が「大きな変化」を生み出すか』（高橋啓訳、飛鳥新社、二〇〇〇年）を読んだのだが、読み進めるにつれ、自分がこれまでやってきた手法で本当にいいのか、という思いが募るばかりだった。アイディアはウイルスのように広まるとグラッドウェルは述べている。そして、マーケティングメッセージも同様のルートをたどるのだという。「広めたい」と消費者に思わせるメッセージがこめられていなければ、メッセージは効果を出さない。

二〇〇五年、私がマーケティングの会社を立ち上げて一年が過ぎた頃、アドバタイジング・エイジ誌のコラムニスト、ボブ・ガーフィールドの記事を読んだ。マーケティングの古い「通念」に対する私の違和感を完全に網羅した内容で、大手広告会社ワンダーマンのショーン・バーンズの発言が引用されていた。

「調査結果によれば、消費者の関心を三十秒間引きつけるためにかかる真のコストは、二〇〇五年の今も、テレビが発明される前と同じである」

ガーフィールドが意図していたのは、「マス・マーケットは死んだ、テレビコマーシャルでアメリカ全土の消費者を一度につかまえる能力は廃れた」という主張だった。しかも、それに代わるべき新たな手法も明らかになっていない。全体としてこの記事は、マーケティングにかかわる人間にとって恐ろしく、また広告業界の人間なら間違いなく縮み上がるような内容だった。

さらに二カ月ほどして、私はダグラス・アトキンの著書『The Culting of Brands（熱狂させるブランド）』に出会う。ニューヨークの広告会社マークリー・アンド・パートナーズの共同経営者であるアトキンは、特定のブランドが顧客とのあいだに育む深い結びつきについて解説し、そうしたブランドが最終的にはカルトに近い存在となる様子を、厳密な社会学的定義に沿って考察している。しばらくしてアトキンに取材をする機会があり、ブランドについて、そして私たちがマーケティングの世界に感じていた変化について、突っ込んだ議論をした。そして互いに、従来のマーケティング手法ではブランド体験の複雑さを反映できない、と納得するに至った。アトキンが消費者とブランドとの結びつきを「カルト」という社会学的モデルになぞらえたのは、実に絶妙な表現だ。「カルト」以外で、この結びつきを理解する方法はないだろうか、と私は考えた。

答えが降りてきたのは、前述したニューヨーク大学での課題レポートを読んでいたときのことだ。レポートで紹介された企業家のうち、本書でも取り上げているのは二人（ジョン・ピーターマンとロクサンヌ・クインビー）だけだが、それ以外の企業家全員にも重要な共通点があった。それは、みな決して華やかとは言えない経歴を持った一般人だったという点だ。MBAを取得した者もいないし、特別なトレーニングを充分に積んだ者もいない。頭が切れ、驚くほどの意欲に満ちてはいるものの、天才というわけではない。本当にごく普通の人々だ。

そうした普通の企業家が、「普通」とはかけ離れたブランドを生み出している。提出されたレポートには、ナイキやスターバックス、アップルのようなフォーチュン500に数えられる大企業、あるいは創業者がすでにこの世を去って久しいビッグブランドのケーススタディも含まれていたが、それでも明らかに特別だとわかった。膨大な数の熱狂的ファンを擁するブランドもある。カルトのような存在感を放ち、文化的イコンとなったブランドもある。どうやらこの企業家たちは、私が知らない何かを知っているようだ。

それだけではない。提出された二十件あまりのケーススタディと、その後、私が調査した数十件のケーススタディには、もう一つ別の共通点が見られた。それは、「個々人の努力だけで生まれた成果ではない」という点だ。過酷な生存競争の中で、新規事業の芽の半分は情け容赦なく潰される。それを生き延びたとしても、収益性の高い事業に育つのはほんのひと握りだ。十年以上も生き延び、売上二〇〇〇万ドル以上の成果を実現するなど、ますますもって稀なことである。ゆえに私が注目したブランドは、何百何千という企業が失敗し、消えていく中で、なぜか頭角を現した稀有な存在ということになる。

共通点は創業者の特質だけではなく、彼らの行動にも見られた。私が何より重要視したのは、そうしたブランドの共通性が、ハーバード・ビジネススクールでマーケティングを教えていたときのレポートにも、私がジョンソン・エンド・ジョンソンやコカコーラで働いていたときにも見られない、まったく別のものだった点である。

私はそうしたブランドを〈アクシデンタル・ブランド〉と名づけた。本書に紹介したいと感じたブランドそれぞれには、いずれも立ち上げ当初に何らかの幸運な偶然《アクシデント》がかかわっていると気づいたからだ。

誤解しないでいただきたいのだが、それは創業者たちが一生懸命やらなかったという意味でも、大規模な事業を構築するにあたって賢い判断をしなかったという意味でもない。だが、どのブランドも、創業者が体験した思いがけない出来事がきっかけとなって誕生している。同じ栄養補助食品を五個まで食べつづけたにもかかわらず、六個目を口にして急においしくないと実感し、こんなものは食べられないと感じた自転車レーサー（クリフバーのゲイリー・エリクソン）。自分の赤ん坊に見せたいクラシック音楽や外国語や詩のビデオを探したが、見つからなかった母親（ベイビー・アインシュタインのジュリー・クラーク）。ヒッチハイクをしていたときに乗せてもらった車の運転手が養蜂家で、その養蜂家からアイディアをもらった女性（バーツビーズのロクサンヌ・クインビー）。

そうした偶然によってブランドの基盤――私は「ブランド・アーキテクチャ（ブランドの構造）」と呼ぶ――が形成されたのである。こうした偶然を手にした本書の企業家たちは、いずれもはっきりとした価値理念を持ち、それをブランドに投影した。時を経て、商品の一部が変化しても、理念だけはつねに一貫していた。さらに注目すべきは、彼らが自分で自分の問題を解決しようと試みたことだ。フォーカスグループ調査を行い、作るべき商品をヒアリングしたわけではない。自分自身が消費者として欲しいと思う商品を形にしたのだ。

直感や本能を重視する考え方には賛否両論がある。本能に基づいて、ひどい判断を下した例はいくつも見てきたし、自分にもそうした経験がある。だが、本書で紹介する企業家たちを研究した結果、直感による決断が失敗する原因は、結びつくべき消費者と乖離してしまったせいである場合が多いとわかった。逆に言えば、特別なブランドを築き上げた普通の企業家たちは、真に消費者の気持ちになって考える力があったからこそ、直感を信頼できた。実際のところ、彼らのうち何人かは、同じ直感を持たない人間に事業を委ねようとしたせいでトラブルに見舞われている。

私はこうした考察により、〈アクシデンタル・ブランド〉の定義を、以下の三点に整理した。

❶マーケティングのトレーニングを受けていない人物によって創出されたブランドであること。

❷その人物に何らかの困りごとがあり、その解決策として生まれたブランドであること。

❸その人物が少なくとも十年はそのブランドを管理していること。

この三点の定義を、リストアップしたブランドにあてはめて、ぜひ学びたいと思わせるブランドに絞り込んだ。また、私が直接会って取材のできる企業家だけを調査対象にしよう、と当初から決意していた。そのせいでリサーチはかなり困難になったが、おかげで本書では、ブランドのストーリーに深く踏み込んで紹介できることとなった。こうした企業家は自分の個人的な趣味や直感を強く信じてブランドを育てたのだから、彼ら個人の生活ぶりにも、ブランド構築に注がれたとの同じエネルギーが見られるのではないか――私はそう考えた。この「直感」は当たっていた。

第1章

The Storyteller

物語の語り手

ジョン・ピーターマン

通信販売ビジネス

J・ピーターマン

J. Peterman

「これはシングルアクションのコルト45ピースメーカーといって、かつて西部を制圧した銃だ」

ピーターマンはそう話しながら、カスタムメイドのショルダーホルスターから長身のリボルバーを引き出した。ケンタッキー州の空に太陽が低くかかり、ピーターマンが所有する農園を赤く染めあげている。私は真夏の夕焼けに目を細めながら、渡された銃を眺めた。職人の手による芸術品で、ひとかたまりの鉄を鍛えて造ったもののように見える。グリップにはなめらかなベークライト（合成樹脂の一種）が巻かれ、手のひらにひんやりとした感触をもたらす。見た目よりもかなり重く、標的に向けて腕を伸ばすと、重みに負けて下がってしまいそうだ。両手で慎重に持ち、狙いを定め、それから息を吐いてそっと引き金を引く。何も起こらない。

「準備ができたら激鉄を戻せばいい」

まるで私の失敗に気づかなかったかのように、ピーターマンがおだやかに言う。私はうなずき、構え直して引き金を引いた。狙ったのは十二メートル離れた場所に置いてある缶だ。全部で十八発撃ったが、そのたびにポプラの木屑が散らばるだけで、目の前にある缶には一向に当たらない。ピーターマンはわずか六発撃つにとどめたが、取りに行ったコーヒー缶には五カ所の穴が開いていた。「どうやら、あなたは少し外したようだ」と彼は言ったが、それは私に気を遣ったのだ。私の弾は全部外れ、ピーターマンが六発中五発当てたことは間違いなかった。

彼はジョン・ピーターマン。J・ピーターマン・カンパニーの創業者である。この人物が売上高七〇〇〇万ドルを誇る通信販売ビジネスを築き上げ、J・ピーターマンのカタログを作り出した。四〇〇〇万人以上のアメリカ人が彼の名を知っている。一九九一年にはニューヨーク・タイムズ紙の日曜版で、ファッション評論家のホリー・ブルバックが、ピーターマンを「詩人の商人」と表現した。一九九五年には人気コメディ番組『となりのサインフェルド』で、俳優ジョン・オハーリーが彼の役を演じ、その人柄を滑稽に誇張してみせたことも有名だ。だがその四年後、絶頂期で会社が倒産。現在の彼は、失った帝国の再建をひっそりと進めている。

ピーターマン本人の招待を受けた私は、ケンタッキー州レキシントンを訪れ、そこで二日間かけてJ・ピーターマン・カンパニーの従業員（彼の妻のオードリーを含む）に取材し、販促会議に参加し、会社の様子を見学させてもらう予定になっていた。実は、一番の目的は彼の農園を訪れることだったのだが、それに気づかれていたのかどうかはよくわからない。農園に足を運んでみれば、彼が創り出した神話の秘密を多少なりと解明することができるかもしれない――数週間前にニューヨークで四時間にわたるインタビューを行い、私はそう確信するに至っていた。

『となりのサインフェルド』でパロディ化される以前から、ジョン・ピーターマンの存在は一部では評判だった。三度の戦争に加わって世界中を旅した経験があり、アラブやインドの王族と呼ばれる人々と親しく交流している。政府のレセプションの場でも、プロヴァンスで畑の手入れをしていても、等しくくつろいだ様子を見せる。「所有者の手引き《オーナーズ・マニュアル》」と題されたカタログを、一部の人々は個人的な手紙のように受け取っていたものだった。J・ピーターマン・カンパニーの顧客は実に忠誠心が強く、倒産から二年後にピーターマンが事業を再建したときには、彼らも再び常連として戻ってきた。私は、ここレキシントンに足を運べば、単純だがとらえどころのない疑問の答えが出るのではないかと思っていた。ピーターマンはどのようにして、これほど多くの熱狂的な顧客の心を動かすだけの神話を構築することができたのか。実際に現地に着いた私は、たしかにその答えがピーターマンの農園に隠されていると実感しつつあった。

広大な私有地の片隅に、ピーターマンの山小屋がある。そこは本宅ではなく――ここは別に、レキシントンにモダンな住居を構えている――いわば隠れ家だ。自分で建てたという二階建ての小屋にはウッドデッキがあり、信じがたいほど緑豊かな風景が見晴らせる。まるでディズニーの技術者《イマジニア》か、映画の大道具係が、「牧草をもっと緑にしよう。小川のそばに樹齢二〇〇年の樫の木を置いたほうがきれいだな」と言いながら背景画に色を加えたかのようだ。だが、ここは現実の場所であり、歴史を持つ場所でもある。十八世紀には西部開拓者と原住民とのあいだで抗争が繰り広げられたため、今でも耕作中に地中から矢じりを発見することが少なくないという。

射撃を終えてポーチの階段を登りながら、私はピーターマンに、実に楽しかったと話した。政治的な意見は別だし、小動物を撃ちたいという気持ちもない。だが射撃を通じて原始的でパワフルな気分を味わった。ムスタングのアクセルを踏み込むような、古い木製のローラーコースターに乗って下降が始まるときのような感覚に近い。ピーターマンは立ち止まって少し首をかしげ、「ショットガンを試した経験は?」と尋ねた。

私は一瞬ためらった。ショットガンには複雑な思いがあったからだ。一九七三年のこと、一時的に元海兵隊員の家に預けられたのだが、ベトナム帰りのその男は、廃品置き場で12口径のショットガンを撃つのが九歳児にとって最適な午後の遊び方だと思っていたらしい。銃も怖かったが、彼のほうがずっと怖かった。それ以来、ショットガンを手にしたこともないし、考えただけでも少し気分が悪くなるのだ。

私の曖昧な微笑を賛同ととったピーターマンは、小屋の中に姿を消し、銃身の短いショットガンを手に戻ってきた。

「これはコーチガンといって、一〇〇年前に駅馬車《ステージ・コーチ》を守るのに使われたのと同じものだ」

銃身は短く、ちょうど私の前腕の長さで、端から端まで革紐が巻いてある。コルトと同じく、優雅であると同時に、まがまがしくも見える美しい代物だった。それをピーターマンは私の手に渡した。

銃床を肩にしっかりと引き寄せることは憶えていたが、反動で銃身が鼻にぶつかることを恐れ、あまり近くには引き寄せなかった。引き金を引くと、やはり多少は衝撃があり、狙ったゴムボールには当たらなかった。だが大人になったせいか、衝撃は記憶にあるほど恐ろしいものではなかったので、私は少しだけ勇気づき、さらに四発試してみた。わずか十メートルほど先の動かないゴムボールを撃っても自慢にもならないことは理解していたが、知らず知らずのうちに熱中してしまったらしい。ピーターマンは褒めてくれたが、私がそれで悪い気がしなかったことは見抜かれていたようだった。

「そのへんにしておこうか。弾が尽きてしまったら困るからね」

そう言われて、その他のすべてのものと同じく、ピーターマンにとっては銃も美術品であると同時に実用品でもあることに気づいた。西部劇を彷彿とさせる小道具だが、犬や家畜をコヨーテなどから守るという目的がある。これこそ、ピーターマンの神話の一つ目のルールだ――すなわち、彼が手がけるものには必ずロマン（いずれも実話に関連しているので、ピーターマンは「事実のロマン」と呼ぶ）と機能性がある。人生を豊かにするために、道具には物語と目的の両方が必要だ。そして目的とは、自分が生み出していきたい世界に沿ったものでなくてはならない。

ピーターマンが有名になった最初のきっかけは、ある予定外の出張だった。彼はゼネラルフーズ社のセールスマンとして長期間、それから植物肥料メーカーで同じくセールスマンとして短期間の職歴を経て、高級食品の販売コンサルタントとして働いていた。一九八六年のこと、アメリカ西部への出張の折に、ワイオミング州に足を伸ばす。ワイオミング州ジャクソンホールの土地は、ほとんど未開の状態で、そこに流れる生《き》のままの粗削りな雰囲気をピーターマンは好ましく思った。彼いわく、「ジャクソンでは今でも、ヘラジカのほうに通行の優先権がある」。地元の洋品店に立ち寄ったところ、カウボーイが着る埃よけのコートが目に留まった。白いカンバス地のロングコートで、馬に乗ったカウボーイの身体を雨風、埃、植物のトゲ、その他荒野の危険物から守るためのものだ。ピーターマンは店を出るとすぐにそれをまとい、それから数カ月も着つづけた。多くの人がその姿に注目した。まるでコートが周囲の人を引き寄せるかのように。明らかにこの男は「他人と違う」ことを恐れていない。そして、興味深い人物だろうと思わせ、知ってみたいと思わせる雰囲気を醸し出している。ピーターマンの運命を変えたのは、広告コピーライターで親友でもあるドナルド・ステイリーが、こんなセリフを言った瞬間だった。

「そのコートを着ているときのほうが、お前に好感を感じるよ」

コートを着つづければ着つづけるほど、「どこで見つけたのか」と聞かれる回数も増えていった。当時、彼はすでに複数のベンチャー企業にかかわった経験があったので、新聞広告を通じてこのコートを販売すれば何千ドルかの儲けを得られるだろうと考えた。そこで一九八七年、ステイリーの協力のもと、ケンタッキー州レキシントンのヘラルド・リーダー紙に広告を出す。コートは一着だけ売れた――彼の雇っている会計士の秘書に。だが、二度目の広告はもう少し効果があり、工芸品見本市での直販も悪からぬ成果を挙げ、ピーターマンとステイリーは二月に二〇〇〇ドル、三月に五〇〇〇ドルの利益を手にした。そして四月、ニューヨーカー誌に次のような全国広告を出すという賭けに出た。

J・ピーターマン・コート

一七〇ドル

ワイオミングの荒野を抜ける風にも、ウォール街の暴風雨にも、安心の防風性。かつては馬に乗るために埃よけとして着用されていたので、身体を、尻を、サドルを、そして足首までをすっぽりと守ります。そのための充分な長さがあり、馬の有無にかかわらず、意図せぬ貫禄を演出します。きめの細かい天然素材の綿カンバス地。軽量で防水性。九つのポケットあり。J・ピーターマン・コートを着るあなたの姿を見た人は、開口一番、こう言うでしょう――「どこで手に入れたんだ？　ずっとそういうのが欲しいと思ってたんだよ」。そう言われたら、ララミー東部のどこかだよ、とお答えください。

この広告の効果で、四月に一万五〇〇〇ドルの売上が上がった。そして、事業は飛躍的に成長しはじめる。ピーターマン、ステイリー、ピーターマンの妻オードリーの三人だけで始めた会社が、コートだけで一年間に五十八万ドルを売り上げたのである。この成功をバネに、彼は事業の拡大に着手した。そして同年暮れのある日に、歴史をテーマとする雑誌で、植民地で着用されていたシャツの写真を見つける。襟のないシャツのシンプルな縫製に惚れ込んだピーターマンは、それを製造・販売しようと決め、商品名を「J・ピーターマン・シャツ」にした。ステイリーに話すと、彼は咳払いをして「なるほど。九九%がトーマス・ジェファーソンで、一%がJ・ピーターマンだな」と言った［第三代大統領トーマス・ジェファーソンは、肖像や銅像で表現されるコロニアルシャツを着た姿が有名］。このセリフは最終的に広告のコピーに採用されている。さらにピーターマンは郵便配達のかばんに注目し、旅行かばんとして機能するよう作り変えた。シャツとかばん、二つの商品は両方ともよく売れた。

コート、シャツ、かばんのヒット、そして一種類の商品だけを新聞広告で宣伝するという絶妙な手法の成功を受けて、ピーターマンとステイリーは、カタログが必要だという結論に至った。一度商品を買ってくれた顧客に送付して、継続的な利用を確保するのだ。だが、二人ともダイレクトメールを扱った経験はなかったし、完成を急いでいたので、専門家のアドバイスを仰ぐ工程は省略した。できあがったカタログは、既存の通信販売カタログとは似ても似つかないものになった。これが、J・ピーターマンの神話創出に大きな役割を果たしたのである。

そもそも、J・ピーターマンのカタログは、カタログではなかった。「所有者の手引き」と題されたB5判に近い冊子で、これはカタログサイズとしては変わっていた。「所有者の手引き」と称したのは、J・ピーターマンのコートやシャツを手に入れたばかりの消費者を意識したものだったかもしれない。だが、カタログの送付を始めてからは、郵便受けにカタログを見つけた受け手になにがしかの「特別感」をもたらす呼称だったことは間違いなかった。

一般的なカタログと違って、「所有者の手引き」には写真が掲載されていなかった。写真のかわりに、イラストレーターがそれぞれの商品のスケッチを描いた。普通のカタログは一ページに四、五種類の商品を載せるが、こちらは各ページ一点のみ。そして説明書きは、その商品をめぐるエッセイ仕立ての「物語」になっていた。たとえば、持ち手に動物の骨を使い、アナグマの毛を使ったシェービングブラシのページには、次のように書かれている。

中国の山奥で土砂崩れに巻き込まれたと想像してみてください。あなたが英国人だとすれば、不覚にも身動きできなくなった状態で夢想するのは、ジャーミン・ストリートとオールドボンド・ストリート界隈でしょう。救助を待ちながら、あなたの意識は、ロンドンの一角に立ち並ぶ小さいながらも優雅な店々が漂わせる静謐な雰囲気へと移ろっていきます。店員はあなたの考えを察し、あなたの希望を先取りし、あなたが求めるものを差し出します。薬局ならば鎮静剤。靴屋ならばぴったりの靴。洋品店ならば非の打ちどころもないリンネルのスーツ。射撃用品店ならば弾薬帯、射撃用手袋。あるいは珍しい東洋の絨毯、新鮮なキュウリのサンドイッチ、革表紙の初版本、硬貨を造る銀を使った嗅ぎタバコ入れ……。

こうしたものを思い浮かべていられれば、どんな状況でも、英国人は心を平静に保っていられるのです。


変わった商品、時代をさかのぼった商品を提供するという試みは、J・ピーターマンが初めて行ったわけではない。だが、ピーターマンはロマンと実直さを適切に寄り添わせ、使い捨ての現代社会で失われてしまった品質への憧れと、頑固なまでの実用性とのバランスをとる才能があった。他人がこれを模倣しようとしても、たいていは通用しなかった。ラルフ・ローレンでさえ、ピーターマンほどの手腕はついぞ発揮できていない。成功の秘密はピーターマンが、たとえ自分でコピーを書かなくても、宣伝コピーに対して強いこだわりを貫いたことにあった。当初はドン・ステイリーとピーターマンの共同作品として物語を作り、のちにコピーライターのチームを起用して制作を任せた。しかし、ピーターマンはブランドの声を聴き取る鋭い耳を持ち、コピーは一文一文すべて彼の承認を得ることになっていたという。

ピーターマンは当初から、ブランドとしてのJ・ピーターマンと個人としてのピーターマンは別物であると理解していた。ブランドについて語るとき、ピーターマンはJ・ピーターマンを「彼」と呼ぶ――まるで、ブランドが自分ではない誰か別の人間であるかのように。自分が生み出したブランドは、自分とは異なる独特の個性を持った存在であると、本能的にわかっていたのだ。ピーターマンは芸術的センスを発揮して、ブランドとしてのピーターマンを育て上げた。本人がことあるごとに言及している表現によれば、ブランドとしてのピーターマンは何人もの手によって生まれた作品だ。それと同時に、基本的には彼自身の性格、彼独自の信念に根ざしたキャラクターでもある。年齢を重ねるにつれて深みを増していったとはいえ、その価値観は、子供時代の彼と直接的につながっている。

ピーターマンは一九四一年に、チャールズ・ピーターマンの子としてこの世に生まれた。父のチャールズは実直な働き者で、郵便仕分けの仕事からスタートし、最終的にはアーヴィング・トラスト銀行の融資担当者になった。しかしある面で、きわめて変わった男でもあった。息子が生まれる三年前の一九三八年に、家族を連れてマンハッタンから引っ越し、ニューヨーク州ウエストナイアックの農業生活共同体「ヴァンホーテン・フィールド」に移り住む。ハドソン渓谷にあるオランダ村が土地を一括購入して、計画的に作ったコミュニティだ。コミュニティに入る権利を買った人間は、自分で家を建て、食べ物は自分で栽培し、必要なものは自分で調達しなければならない。

都会的な生活を送るかもしれなかったピーターマンの子供時代は、このような経緯で、いささか牧歌的な田舎暮らし（父はマンハッタンへの通勤を続けていたが）へと切り替わることになった。四人兄弟の三番目だった彼は、冒険小説に出てくるような子供時代を満喫した。夏は牧草地で放牧中の馬にこっそり乗ったり、古い石切り場にできた天然のプールに飛び込んだり、カウボーイごっこやネイティブアメリカンごっこをして遊んだ。長い夏の日々は、想像の世界を広げたり浸ったりする時間も与えてくれた。彼は、時が経つうちに失われてしまった世界や、架空の国を思い描いては、そこを自分の世界にする方法を学んでいった。

生活共同体での暮らしは、勤労の大切さも教えた。彼も植物やニワトリなどの世話をした。今でも自分が住む山小屋や、息子の農園で相当な量の労働をこなす。私がJ・ピーターマン・カンパニーの倉庫と本社を見学した二日間にも、彼がどれほど積極的に自ら手を動かし、どれほど率先してあらゆる作業に取り組んでいくか、さまざまな階級の従業員から何度となく聞かされたほどだ。経営上の手段として、こうした彼の性質は計り知れないほどの価値を持っている。ピーターマンは、自分自身がやらないことを部下にやらせるようなことは絶対にしない。荷物の積み下ろしも頻繁に行い、その姿勢を部下に示している。彼にとってのビジネスモデルは「家族」だ。CEOというよりも「家長」のような存在であり、おそらくはそれが従業員の忠誠心を引き出している。J・ピーターマン・カンパニーが再建されたときには、待遇のいい仕事を辞めて戻ってきた従業員もいたほどだったのである。

＊　＊　＊

ピーターマンは銃を片づけ、山小屋の中を案内した。正真正銘のログハウスだが、テネシー州のモダンなログハウスメーカーであるハースストーン社に依頼し、ピーターマン自身が作った設計仕様書に沿って建築させたものだ。建物の骨組みを構成する松の丸太はモルタルで覆われ、ぴったりとはめこまれている。ピーターマンが自分で敷いた床は、倉庫で埋もれていた樹齢八十年のイエローパイン材を使っている。床を支える梁と、二階へ続く階段に使われている柱も、はめこみ式だ。間取りは広々としていて、一階全体が一間になっている。部屋の端に、ピーターマンがデザインして自社の家具製造部門に作らせた革張りのソファがあり、正面には石造りの暖炉がある。反対側の端にあるのはオープンキッチンとダイニングだ。そして広いバスルームには、大きなバスタブとシャワーがついている。二階に上がれば寝室が二つ。畑から集めた自然の岩を組んで作った地下室もあり、貯蔵庫として使われている。さらに、五〇〇本のワインが入るワインセラーを地下室に製作中だ。パンを置くための棚をワイン用に改造したほか、シャンペンを作るのに使われるリドリング・ラックという設備をフランスから輸入しており、ちょうどいいとばかりにトラックから室内へ運び込むのを私に手伝わせた。

家具は本物もあればレプリカもあったが、ピーターマンは身の回りの品をとても厳しい基準で選んでいた。

「ロマンは欲しいが、それは事実のロマンでなくてはならない。古いからといって良いとは限らない」

牧場を見晴らす堅木張りのベランダからは、レンガで囲まれた中庭を見下ろせる。これも、知り合いの古い農家からもらいうけた二〇〇年物のレンガを使ってピーターマンが手ずから作ったものだ。地下室の床には適したレンガだったのだが、屋外で一年も経つと、もろく崩れはじめたため、今のピーターマンはそれが気に障ってならない。「所有者の手引き」には、こうした類の勇み足を決して載せないように注意している。ピーターマンは、古いもの、由緒正しきもの、オリジナルのものを愛しているが、それらは同じ用途の現代的な品物と比べて機能性に秀でたものでなくてはならない。実際、山小屋の室内には近代的豪華さを臆面もなく肯定する設備が満載だ。ボッシュ社製の食器洗浄機もあるし、巨大なシャワー室の蛇口は、十九世紀風の花の形があしらわれているものの、現代的なレプリカである。フランスのカントリー風テーブル、同じくフランスの有名なワイン産地ヴァケラスをイメージしたワインテーブル、そしてフォーブルソファやそろいの椅子といった十一点の家具は、ピーターマン自身が一つひとつ選んで増やしていったコレクションだ。

夕食の前に、ピーターマンは山小屋の周りを案内した。彼は新しく作ったブドウ園を見せたがった。膝をついて豊かな土壌をひと握り掘り起こし、指のあいだから土をこぼしながらワインづくりの科学について説明してくれた。

「土壌はできるだけ有機であったほうがいい。泥は乾くと固くなってさらさらになり、水を吸収しなくなるので、砂と有機肥料を混ぜなくてはならない。去年は二十六トンもの砂をここに運び込んだよ」

育てている品種について尋ねると、ピーターマンは指で示しながら「あれがカヴェルネ・フラン、こっちがバコ・ピノ――ピノ・ノワールの一種」と説明した。

「かなり無謀な実験だがね。ブドウはたいがいの場所で育つが、ここの地でどんな味のものができるか、まったく想像もつかない」

それならなぜワインづくりに手を出したのか。私がしつこく尋ねると、ピーターマンはようやく本当の理由を告白した。「本当は、〔山小屋の〕ポーチからブドウ園を眺められるようにしたかったからだ」。そう言いつつ、彼は困ったような笑顔を浮かべてみせた。

「相当の作業だよ。労働者を雇う余裕がないのに大農場を所有している気分だ」

だが十年以上前、この山小屋のための土地を購入した一九九四年の時点では、通信販売のJ・ピーターマン・カンパニーは絶頂期にあった。売上は六二〇〇万ドルに急増し、他社からうらやましがられるほどロイヤルティの高い顧客基盤を抱えていた。金持ちで人脈の広い顧客ばかりだ。ピーターマン自ら顧客に買い物のアドバイスをしたこともあって、映画『トップガン』の主演女優ケリー・マッギリスもその一人だったという。「所有者の手引き」は、懐の潤った人々を結びつける、一種の「秘密の挨拶」となった。マサチューセッツ州沖合いのマーサズ・ヴィニヤード島で、友人同士のグループが夕方のビーチに「所有者の手引き」を持参して集まり、そこで「手引き」を朗読して、J・ピーターマンのスカートをはいた女性とJ・ピーターマンのレインコートを着た男性を引き合わせる、といった趣向まで行われたほどだった。J・ピーターマンのカタログを知っているというのは「上流の消費者」の証、目が肥えていてGAPやJ・クルー以外の商品を選ぶ人物であるというしるしだったのだ。

その秘密の世界は一九九五年四月十八日に終わった。その日の夜に放送されたコメディ番組『となりのサインフェルド』で、新しい登場人物が出てきた。主人公ジェリー・サインフェルドの友人エレーン・ベニスが雨の中、肩を落として気もそぞろに歩いていると、長身で気品ある白髪の紳士とぶつかるのだ。

エレーン：やだ、すみません。わたし、自分がどこに向かってるかもわかってなくて。
男性：それは、今まで行ったことのない場所にたどりつくための最善の道ですな。
エレーン：そういうものでしょうか。
男性：泣いておられたんですか？
エレーン：ええ、そうなんです、あのネイリストの女がもう……。

男性　　：いやいや、理由はおっしゃらなくていいんですよ。ところでとてもいいコートを着ていますね。
エレーン：（顔を明るくして）ありがとう。
男性　　：とても柔らかい。大きなボタン・フラップ、カーゴポケット。紐で絞るウエスト。背中に入った二本の深いひだ。ゴンドラに飛び乗りたくなる最適な服。
エレーン：どうしてそんなによくご存じなんです？
男性　　：私のコートですからね。
エレーン：それって……
男性　　：ええ、私はJ・ピーターマンです。

こうして突然、J・ピーターマンはアメリカの成人視聴者五分の一に知られる存在となった。もはや知る人が知るマニアックな会社ではなく、広く浸透した一種の「現象」に変わり、ピーターマン自身もちょっとした有名人になった。本人は、このコメディドラマが会社にとって非常に悪影響だったと考えている。ドラマでピーターマン役を演じた俳優、ジョン・オハーリーも同意見で、「パロディのほうが実際の会社よりも大きくなってしまって、奇妙な状況だった」と話している。
一見したところでは、『となりのサインフェルド』がJ・ピーターマンに悪影響を引き起こしたとは考えにくい。実際、この番組が有利にはたらいた面は多かった。投資家は直営店での小売事業拡大に積極的になったし、J・ピーターマンで働くことがステータスとなり、人材採用も容易になった。CNNでも特集され、全国放送でピーターマン自身が司会をする番組も誕生した。だが『となりのサインフェルド』は、組織として体制がまだ成熟していないJ・ピーターマン・カンパニーを、無理やりスポットライトの下へと引きずり出してしまったのだ。門外漢の集まりが立ち上げた家族的でささやかな企業が、世間の注目に押されて、突如として業界のモデルケースになった。消費者の話題の的へと変貌した。ピーターマン自身の準備も整わぬうちに、一流の小売業者と呼ばれる立場になった。「所有者の手引き」も、愛好家の共有する秘密ではなくなった。『となりのサインフェルド』は、ブランドを幅広い消費者に薦めることで、J・ピーターマンがまとっていた名声の一部を失わせてしまったのだ。再建された今でさえ、秘密めいた存在に戻るべく苦戦を強いられている。

もう一つ、『となりのサインフェルド』が払わせた〈有名税〉は、潜在顧客にとっての「J・ピーターマンの神話」を混乱させてしまったことだった。J・ピーターマンを理解し、その商品を高く評価していた関係者にしてみれば、俳優オハーリーの役作りは愉快な冗談として映っていたかもしれない。だがピーターマンとステイリーが、そして彼らの経営するささやかな企業が十年近くかけて苦心しながら少しずつ生み出してきたブランドの個性が、そもそもそんなものを知らない一般大衆向けのパロディになってしまった。オハーリーはピーターマンを、ロマンチストで格調高い人物として徹底して大袈裟に演じている。J・ピーターマンのカタログを渡され、その背後にいる人物像を思い描いて役作りしてくれと言われたオハーリーは、「一九四〇年代のラジオドラマのへたくそな演技のようなキャラクターを思いついた」という。

そもそもJ・ピーターマンは、十七世紀から広まった唯物論の流れを汲み、衣服や日用品に感傷的な意味をもたせて消費者の気持ちをつかむことに成功していた。脚本家はこれをパロディ化して、『となりのサインフェルド』に登場するピーターマンを、物を大切にしない現代社会を風刺する存在として描き出した。その描き方は見事だったし、愛情があった。主演のジェリー・サインフェルドも、彼とともに脚本を手がけたラリー・デイヴィッドも、以前からJ・ピーターマンの顧客だったからだ。だが、テレビを観るまでJ・ピーターマンなど聞いたこともなかった消費者は、まったく違う受け取り方をした。彼らにしてみれば、オハーリー演じるピーターマンは着飾った変人だった。そこにこめられた皮肉に気づくことなく、ただ可笑しい喜劇として見てしまったのだ。ブランドは、仰々しいだけのくだらないものと映った。この人気によって本物のピーターマンも有名人になったとはいえ、一般消費者にJ・ピーターマンの顧客になろうという動機を与えることにはならなかった。こうして『となりのサインフェルド』のキャラクターは、J・ピーターマンを損なう冗談の種になってしまったのである。

しかし最悪の影響は、会社が強いられた戦略の変更だったのではないだろうか。『となりのサインフェルド』での露出を受けて、会社も投資家も、大々的な小売拡大に乗り出すべしと考えた。しかし不幸なことに、それは直販ビジネス全般にとって状況が厳しくなりはじめた時期でもあったのだ。

通信販売を基盤とする会社にとって、急速な事業拡大はキャッシュフローに実に大きな負荷をもたらす。利益が挙がらないうちから広告や在庫管理の費用が増えてしまうからだ。サプライヤはおしなべて零細企業なので、信用枠を広げることができなかった。このためカタログでかかったコストを回収できるかどうかわからないうちから、業者に支払いをしなくてはならない。一九八〇年代と一九九〇年代初期のJ・ピーターマンは年四〇%以上のスピードで事業を拡大していたが、そのまま続けば永久に負債を抱えたままになる。「所有者の手引き」と題したカタログの各号から挙がる利益では、次号に向けた在庫拡大と広告費をまかなうことができなかった。さらに、この事業は極端なまでに不況に弱かった。景気が落ち込んだ一九九五年は業界全体にとって過酷な年で、J・ピーターマンは『となりのサインフェルド』で名が売れていたにもかかわらず、損失を計上していた。

一九九六年、資金が完全に底を突きかねない在庫状況に陥ったことから、ピーターマンは通信販売から小売業へと転身したJ・クルーの元社長、アーニー・コーエンに助けを求めた。数年前にピーターマンがJ・クルーを訪ねたときからの知り合いだ。コーエンが示した解決策は、J・クルー出身であることを鑑みれば当然のごとく、ベンチャーキャピタル資本で小売事業を展開することだった。コーエンは、資金調達に手を貸し、J・ピーターマンの社長に就任することになった。

それからの三年の歳月のことを、ピーターマンは「タイタニックの舵をとっていた」と表現している。一九九七年の前半は、コーエンとともに直営店立ち上げ計画の立案と、そのための資金調達に奔走していた。モントリオール銀行、ネスビット・バーンズ・エクイティ・パートナーズ、ブランド・エクイティ・ベンチャーズが一一〇〇万ドルを出資して同社を支え、小売事業拡大の費用を工面した。計画では、最低でも七十店の小売店を出し、五年以内で二億五〇〇〇万ドルの収益をあげる予定だ。ピーターマンとコーエンは旗艦店の立ち上げ準備に着手し、すぐにマンハッタンのグランド・セントラル駅構内に立地を決めた。この時期のピーターマンは明らかに「所有者の手引き」と、その他のコア・ビジネスから距離を置いてしまっていた。

一九九七年の彼は、とにかくJ・ピーターマンという会社の拡大に尽力していた。通信販売だけでは夢に見るしかなかったレベルに、今なら手が届くと感じていたからだ。「戦利品《ブーティ》」や「贅沢品《スポイルズ》」、あるいは「略奪品《プランダーズ》」などという名前のカタログで、サイドカーつきのバイクのような、エキゾチックだがたいして儲けにならない商品を取り上げつづけることに、もう疲れていた。その一方で、創業の地であるケンタッキー州レキシントンで当初から経営していた唯一の小売店は、一九九二年の開店以来ほぼ変わることなく黒字を出していた。店は彼の個人的な実験場であって、自分でも非常に気に入っている場所だった。ピーターマンは、その店を「祖母の家の納戸」という比喩で表現している。子供時代に探検した、どこか懐かしいがらくた置き場だ。「所有者の手引き」でも、スーツケースの説明文として、幼い頃の体験について語っている。

秘密の納戸をもう一度訪ねてみましょう……

見て下さい。馬の鞍と帽子が積み上げられた山の下に見えるのは、車のボンネットでしょうか。あれは、誰かが（エミリーかな？）大陸横断旅行したときに乗った、12シリンダーのコンバーチブル「パッカード」です。ドアはロックされています。でも車の中には、古い時計やら、額に入った油絵やら、ヒョウの皮やら、本やら、ブーツやら、古い真鍮の釣り竿のリールやら、切手アルバムやら、ぎっしり詰め込まれています。

でも、がらくた全部、古い車の中に入りきるわけがありません。小屋の隅には大理石のテーブルや、細身の車輪がついた綺麗な二人乗りの馬車の本体や、十脚以上も重ねられた装飾つきの椅子や、革のトランクが積み上げられています。まったく、ひとところに置いておくにしては多すぎますよね。

ピーターマンの小売事業拡大の経緯は、ラルフ・ローレンのそれと明らかな類似点がある。ラルフ・ローレンの旗艦店は一九八六年にオープンしたが、ここも、いわば「祖母の納戸」だった。陳列されていた大きくて高価な商品は、表向きは販売用であったものの、収益よりもブランドを披露する「雰囲気づくり」のために置かれていた。この意味で、ラルフ・ローレンに異国情緒をプラスして、エキゾチックな雰囲気を加えたのがピーターマンだったと言うことができる。息を呑むほど美しく細工された革製の服や、美しい彫刻が施された堅木の四柱型寝台が置いてあるのはラルフ・ローレンの店。英国下院で使われていた銀食器や、旧ヤンキースタジアムにあったベーブ・ルースの銅像があるのはJ・ピーターマンの店だ。

ラルフ・ローレンが旗艦店を開いた理由はたった一つ。同ブランドはすでに卸し販売されていたのだが、卸売りでは自分の思うようにならないと感じていたからだ。自社商品の売られ方に満足していなかった。小売店は気に入ったものだけ選り好んで取り扱う傾向がある。ラルフ・ローレンは、商品を囲む環境を特別なものとすることでブランドの力を強め、売上を劇的に伸ばすことができると考えていたが、取扱店はそうしたリスクを引き受けたがらない。その点、旗艦店なら思い切った展開が可能だ。はたして、ラルフ・ローレン旗艦店は成功を収め、のちに誕生するブランドのロールモデルとなった。ナイキやアップルなど、小売環境でのパワーバランスを変えるべく自社ブランドを直接、世間に披露するスタイルを模索していたブランドにとって、ラルフ・ローレンはお手本だった。

ピーターマンが小売事業に進出した理由は、しかし、それとは異なっていた。どちらかといえば——不幸なことに——コンピュータ・メーカーのゲートウェイが店頭販売を始めた理由に近かった。その頃のピーターマンは、「所有者の手引き」のポテンシャルはすでに尽きてしまったと感じていた。会社が抱える深刻な資金不足は、資本投入でしか解決することができない。小売拡大は、ベンチャー・キャピタリストを引きつける、うってつけの戦略だ。何より、直販の小売店を開けば、自分で好きなように小売環境を作ったりいじったりする機会にもなる。

だが、小売拡大はJ・ピーターマン・ブランドにとって小さからぬ課題をつきつけた。そもそもブランドの特徴が「内輪のブランド」だったからだ。『となりのサインフェルド』でパロディ化されたせいで、このステータスは著しく損なわれてしまったが、小売環境への進出で壊滅的に失われた。グランド・セントラル駅構内に店舗があり、それ以外に国内に七十カ所も店舗があるとしたら、毎月送られてくるささやかながら美しいカタログを友人に自慢しても、いったい何の意味があるだろう。

そうはいっても、小売事業への進出がまったくの失敗だったわけではなかった。ニューヨークとシアトルの店舗は一平方フィートあたり平均八〇〇ドル、小売業界平均の二倍にあたる売上を出した。小売コンセプトに興味を持った消費者もいたことは間違いないようで、そうした消費者の関心が購買として反映された。だが、いいニュースはここまでだ。一九九七年半ばにコーエンを最高執行責任者（COO）に据えた直後、カタログ制作の見積もりに誤りが発覚し、予想外の財政難に見舞われた。新たな投資家からの資金投入を受けてさえ、J・ピーターマン・カンパニーは利幅ゼロも同然の経営が続いた。問題のある在庫管理に、思わしくない売上成績が重なって、会社の資金は何度も底を突きかけた。さらに、そもそもが起業家であるピーターマンと、大会社のCEOだったコーエンの姿勢には大きな隔たりがあった。たとえばロサンゼルスに出張するにあたって、ピーターマン夫妻がエコノミーに乗り、コーエンが選んだ幹部はファーストクラスでコニャックを飲んでいる、という場面もあったほどだ。

コーエンがCOOになってから一年半も経たないうちに、ピーターマンは長年にわたって勤めてきた社員を解雇せざるを得なくなってしまった。そして一九九九年一月二十五日、J・ピーターマン・カンパニーは連邦破産法の適用を申請する。一カ月後には競売に出され、中西部を拠点とする小売業者ポール・ハリスに買収された。『となりのサインフェルト』で知名度が上がっていたせいで、破産のニュースは全国ネットで報道された。企業家にとってみれば、想像しうる最悪の形でイメージが崩壊したわけだった。

ピーターマンは落胆した。海兵隊に所属していた頃の彼は、いつかピッツバーグ・パイレーツの選手としてメジャーリーグにのぼりつめたいという夢を思い描いていたのだが、二年目のシーズン中に脚を骨折してその夢がついえてしまった。その一件に端を発する失意多き人生でも、破産に勝る悪夢など体験したことがない。彼は今も、会社と従業員に対して個人として強い責任を感じている。

「J・ピーターマンは家族のような企業だった。私は家長だった。それなのに、私が家族を失望させたのだ」

ピーターマンは私に、しみじみとそう語った。十年も世界を飛び回り、最後の数年は国民的有名人として過ごしてきた人物にとって、これはどん底に引きずり下ろされるような体験だったに違いない。しかしピーターマンは、自らのブランドと同様、ゆるぎない意志を持っている。数週間ばかり絶望に浸ったあとで、彼は自力で這い上がりはじめた。そんなとき、義理の息子で俳優のスティーヴ・ザーン（映画『サハラ　死の砂漠を脱出せよ』でマシュー・マコノヒーと共演している）と、俳優仲間のイーサン・ホークがピーターマンの農園にふらりと立ち寄った。二人は、ちょうど山小屋の地下室の床にレンガを敷いていたピーターマンを手伝った。昼は猛烈に働いて、夜になるとワイングラスをかたむけながら会話を楽しんだ。俳優ホークはピーターマンに対して、人気が落ちている時期の世間の反応について、こんなアドバイスをしている。

「有名人になるっていうのは、厄介なことなんですよ。周囲から非現実的な期待を抱かれてしまう。人生をゆがめてしまうこともあります」

つねにバランスのとれた視点を求めるピーターマンは、執筆作業を通じて心の澱を取り除き、落ち着きを取り戻していった。出版した回顧録は七万五〇〇〇部売れた。収入がなくなっていたピーターマン夫妻にとって、本の他にも、講演活動が支えになった。そして、観客に向かってJ・ピーターマン創業をめぐる経験を語ることで、やり直したいという意欲に火がついたのである。

＊＊＊

夕食の準備を手伝いながら、私はこの山小屋について考えていた。ピーターマンがニンニクを炒め、私が野菜を刻んでサラダを作る。私はこの日初めて、ピーターマンと肩を並べて仕事ができたと感じた。そんな風に思わせる力を、ピーターマンは持っている。何しろ彼は何でもこなす。人気司会者オプラ・ウィンフレーのトーク番組に出演したことがあり、CNNのニュース番組にも出たことがあるというのに、今も自分で畑に肥料を撒いたり杭を打ったりするCEOが他にいるだろうか。海兵隊に所属し、一時期はプロの野球選手だっただけではなく、自家用パイロットの免許も持っているし、隠居生活を楽しめる年齢となった現在でさえ、農場で汗を流し、大工仕事もこなす。

トマトソースに軽く炒めたエビを添えた即席のパスタは絶品だった。沈みゆく夕日の景色も最高で、東部時間帯にあたる地域の最西端にあるこの農園では、夜の九時まで残光が空に色づいている。ポーチから見渡せる、ケンタッキー州ならではの緑深い牧場の完璧なるシンプルさに、私は改めて心を奪われた。だが、そこでの体験がケンタッキー風というわけではない。何しろフランス製のカトラリーと英国製の磁器を使ってイタリアンの食事を楽しみ、こうして一九九四年に建てられたばかりの山小屋のポーチで座っているのだから。
しかし、ピーターマンにとって、それこそがまさに重要な点である。世界は与えられるものではなく、自分で創っていくものだ。自分が住みたいと思う世界を自分の手で生み出し、時間をかけてさまざまな場所から最高のものを一つひとつ集めていく力は、彼ならではの才能である。基準は厳しい。昔の品物が貴重だと考えるのは、それが現代のものよりも頑丈で機能的で美しい場合のみ。そして、事実に基づくロマンというエッセンスを日常に加える場合のみ。そういう意味で山小屋は、「所有者の手引き」のスケールを広げた、一つの作品なのだった。生活感と健康的な雰囲気を漂わせ、なおかつ、探究心を刺激してやまない美しく機能的な作品だ。フランス製のサイドテーブルの木目を検めたり、コート掛けにつるしてある帽子のコレクションを眺めたりしているだけで、何時間も過ごすことができる。それは、「所有者の手引き」で紹介されているアルゼンチン製のポロシャツを見て、自分に似合うだろうかと想像しながら過ごすのとまったく変わらない。

ブエノス・アイレスから五マイル西へ行くと、ハーリントン・ポロクラブにぶつかります。ここは、一八八八年に英国の駐在員が創立したクラブです。六カ所のフィールドがあり、大きなビクトリア朝のクラブハウスがあり、その大広間には英国女王の肖像画がかかっています。

しかし創立者たちは、試合が外でも行われていることに気づいていませんでした。アルゼンチンではボールを使わずに競技をします。騎乗の人物がカウボーイのように叫び、互いに全速力で馬を駆って、真横から激しく突っ込むのです。恐れを知らぬアルゼンチン人は、一九四九年以来、一度も絶えることなくワールド・ポロ・チャンピオンシップを開催しています。

そのときに彼らが着ているのが、このシャツなのです。

アルゼンティアン・ポロシャツ(No・1634)。丈夫な綿のうね織り。二つボタンのポケット。長袖。アルゼンチンの肌寒い七月や八月にも競技するためです。カラーと模様は英国製のポロシャツよりも鮮やか――男性の気性の差、とでも言っておきましょうか。

これこそがJ・ピーターマン・ブランドの心髄だ。現代アメリカ社会の使い捨て文化に対する不満。今ではない時代、ここではない場所から借りてきたもので自分だけの個性を形作ろうとする意識。品質と細部にこだわる厳しい目。優れたブランドにはよく、こうした頑固で天邪鬼な意識が見られる。ナイキでさえ、当初は一般常識に逆らうブランドとして誕生した。「Just Do It（とにかくやってみろ）」のキャッチコピーは、運動をするふりをするだけで、言い訳ばかりを探している中途半端な運動好きに向けた厭味である。ナイキは真剣なアスリートを称え、一般大衆を臆面もなく切り捨てた。だが、その姿勢がさらに多くの消費者の心を惹きつけている。ピーターマンも、自らの立場を伝えるにあたって、わざと消費者を拒むという手法は悪いやり方ではないと理解している。それがブランドを際立たせ、存在意義を与える。『となりのサインフェルト』が壊してしまったのは、このコアバリューだった。人気コメディドラマは、J・ピーターマンを一般大衆に広め、ブランドを「主流」にしてしまったのである。

本来のJ・ピーターマンは「所有者の手引き」を通じて、一着のコート、一枚のシャツ、一足のブーツを、違う視点から人生を見るための小道具として扱う方法を教える。ささやかなものを愛し、衣服を縫い上げた糸にまでいきいきとした力を通わせる。J・ピーターマンのカタログを購読するというのは、その哲学を購読することであり、与えられた世界に安寧し流されないことを意味する。自分の世界、自分の人生とは、大量販売品の寄せ集めではなく、自分で一つひとつ選んで築き上げるものだ。そしてピーターマンにとってのものづくりとは、人生を通じて追求していく作業なのである。

自然派化粧品のバーツビーズを創業したロクサンヌ・クインビー、あるいはコロンビアスポーツウェアの「母」と呼ばれるガード・ボイルと同じく、ピーターマンのブランドの本質は、マーケティングプランやブランド仕様書ではなく、生み出した者の遺伝子に刻まれている。彼は特殊な手法でJ・ピーターマンというブランドをひねり出したのではなく、ただ、自分が正しいと思うことをしてきただけだった。こうしたタイプの企業家に見られる典型的な行動を、彼はすべて体現している。

ピーターマンは、一心不乱に会社に尽くす従業員と、事業の成功を直接的に支える顧客を引きつけるだけの核を築いた。他人のやり方に迎合せず、自分の考えを臆せずに伝えた。それが回りまわって彼を「オリジナル」の存在にしている。J・ピーターマン・ブランドにユニークさと付加価値を与えているのは、こうした真実性《オーセンティシティ》なのである。

自分にとって農園の魅力の一つは、騒音がないこと、心地よい孤独感を味わえることだ——とピーターマンは語っていた。つまり人工的な音が聴こえない、という意味なのだろう。来客用の寝室に入った私の耳には、夜の空気に乗って虫たちの気配がうるさいほどに聴こえたからだ。だが、はだしの足の裏で感じる樹齢二〇〇年の樫の木を使った床と、二つ並んだシングルベッドの片方に横たわって見上げる松の木の梁に心を癒される。ふと気づくと、もう窓から朝日が差し込んでいた。

階下に行くとピーターマンはすでに起きていた。朝食を済ませ、最後の農園見学に連れ出される。敷地内を回りながら、前日と同じ深みのある言葉でピーターマンは語った。彼の中には悲しみがあった。ほんの短期間で夢が頓挫し、再スタートを余儀なくされた企業家としての痛みを今も引きずっているのだ。だが、新たなJ・ピーターマン・ブランドの経営状態は前回よりも健全だ。破産してから二年後に、J・ピーターマンのブランドネームの権利を買い取っていたイギリスの小売業者、ポール・ハリスのアメリカ事業が倒産。ピーターマンは親しい投資家から資金を集め、ショテンスタイン・バーンスタインという企業再生ファンドからブランドネームを買い戻した。それからレキシントンでひっそりと事業を再スタートさせた。集まった従業員の七五%は、破産前のJ・ピーターマン・カンパニーに勤めていた面々だった。

新生J・ピーターマンは年二〇%で成長しており、資本も適切に投入されている。毎年二倍以上のスピードで成長しながらも利幅ゼロに等しかった当初の経営とは大違いだ。今のピーターマンは、「所有者の手引き」の制作費をどう工面するか悩む必要もない。在庫はしっかりと管理されているし、バイヤーたちが、ピーターマンの突飛な発想を汲みながらも慎重に買い付けを進めている。実際のところピーターマンは、かつてのような風変わりな魅力を失っていないと顧客に伝えるべく、奇抜な手段に出ることを恐れていない。私が婦人向け商品の買い付け責任者のポーラ・コリンズにインタビューしていたときにも、ピーターマンが巨大な木箱を引きずってきて、その場でバールを使って蓋をこじ開けだした。中身は、ベルリンの壁の上で使うために東ドイツで作られたという望遠鏡だ。そんな奇妙な商品を誰が買いたがるのか、コリンズにもピーターマンにも見当がついているわけではなかったが、二人とも望遠鏡の見事な造りに感嘆し、「所有者の手引き」に掲載すると意見が一致した。

皮肉なことに、新しいJ・ピーターマンの投資家には、あの俳優のジョン・オハーリーも加わっている。FOXの朝のニュース番組『FOX・アフター・ブレックファスト』が、数年前に「二人のピーターマン」という特集を組んで、そこでピーターマンとオハーリーと対面させたのだ。このときのことをオハーリーに尋ねると、彼は笑ってこう答えた。

「この撮影まで、文字どおり一度も会ったことがなかった。かなり物静かな人だと思ったよ。彼は有名人扱いされるのも、ブランドに個人のイメージが伴ってしまうことにも、居心地の悪さを感じていた」

だが、いざ会話が始まると、お互いに共通する部分が多かったという。私はマンハッタンのアッパー・ウェストサイドにあるトランプ・インターナショナル・ホテルのスイートでオハーリーと面会したのだが、南アフリカから戻ってきてまた数日でスペインへ発つ予定だという彼は、「私はピーターマンと同じ生き方をしてるんだ」と語った。知り合った当初の付き合いについて尋ねると、「彼は私に服を贈り、私は彼にワインを贈ったものだった」という答えが返ってきた。では、共通点ではなく相違点は何なのか——そう聞くと、オハーリーは笑顔でこう言った。

「ピーターマンは倹約家だ。立派なワイン一本の値段をめぐって、いつも口論をするよ。ピーターマンは、素晴らしいものが手の届かない値段であってはならない、と固く信じている」

だが、J・ピーターマン・ブランドの話題となれば意見が食い違うことはない。オハーリー自身、まるでJ・ピーターマンのマーケティング担当者のような口ぶりで話す。

「J・ピーターマンは、破壊的なスピードで真実性が失われている現代社会で、あくまで本物らしさ《オーセンティシティ》を求めるニーズに応えている。オーセンティシティは絶滅危惧種のようなものだ。だからピーターマンは〈世界人〉なんだ」

しかしピーターマン本人は、着手した事業の再建を完遂させるエネルギーがあるかどうか、少々怪しく思っている。何しろ最初のJ・ピーターマンを立ち上げたときより一回りも年をとっているし、もっと農園で過ごしたり、余暇として世界を旅行したりする時間を増やしたいと考えているからだ。すでに一度すべてを見てしまった人物ならではの退屈もあるし、極端すぎるほど極端な飽きっぽさも備えている。だが、ほんの少し物思いに沈んだかと思いきや、ピーターマンはすぐにいつもの彼に戻り、ピックアップ・トラックを山小屋へ戻る道へと走らせた。ゲートのところで車を停め、少々苦労しながら柵の閉め方を私に教える。

「次はいつここに来られるかわからないからね」と、ピーターマンは笑った。

第 2 章

The Contrarian

王道を行かない男

クレイグ・ニューマーク

地域情報サイト

クレイグスリスト

craigslist

エアコンつきボーイフレンド求む（当方女性）

投稿日：2006-07-31, 6:40PM (EDT)

寝室にエアコンを設置している18歳から40歳までの魅力的な男性を探しています。

予報では今週にも気温が体温を超えるので、エアコンつきボーイフレンドを求めるのは妥当なものです。

この契約は8月いっぱいを予定していますが、残暑が関係を長引かせることもなきにしもあらずでしょう。

追伸。太った方はお断り。

私は今、オンライン・クラシファイド「クレイグスリスト」の創立者クレイグ・ニューマークとともに、カリフォルニア大学のサンフランシスコ医療センターの前に立っている。三枚目風の雰囲気を持つニューマークは、胆嚢摘出の手術について医師と話し合っているところだ。胆石を除去するためのごく普通の手術なのだが、それとは別に、以前から参加している治療実験がある。彼はナイアシンというビタミン成分の過剰摂取に耐えうる体質なのだそうだ。そこで継続的にサプリメントを摂取して、肝臓で発現するコレステロール値の低下にナイアシンがどう作用するか調べ、研究に役立てている。胆石の手術とあわせて医療チームが彼の組織サンプルを採取する予定だ。あたたかな春の日の今日、彼は最後の術前診察のためにセンターを訪れたというわけだった。私もそれに同行したのだが、一時間ほど一人で時間を潰すハメになった。ようやく登場したニューマークとともにエレベーターに乗ったところで、彼の担当医に出くわした。病院の外へと歩きながら、ニューマークが私を医師に紹介し、医師が研究について説明する。ポイントをかいつまんで説明してくれたし、ニューマークは理解しているようだったが、何しろ専門用語のオンパレードなので、私には何を言っているのかさっぱりわからない。別れ際にニューマークは医師に礼を言って、握手をしようと手を差し伸べたが、相手は持っていたクリップボードをぎこちなく振ってみせた。それで気づいたのだが、医師の右手には何本かの試験管が握られており、そのせいで握手ができなかったのだ。試験管にはニューマークの血液が入っている。

まったく、今日の午前がこんな奇妙な時間になるとは思ってみなかった——そう考える一方で、二時間前に初めてニューマークと顔をあわせた時点と比べれば、はるかに状況は進歩したとも思っていた。八時半にニューマークの自宅玄関に立った私に、彼はぶっきらぼうな声で「どちらさまです？」と言った。自己紹介をしたが、どうやら私が誰だかわかっていなかったらしい。やりとりしたEメールのプリントアウトを渡すと、今日の約束はキャンセルしたはずではなかったか、と言われた。たしかにそうだったかもしれない。数日前のメールで、二週間以内にカンファレンス出席と大学での講義のためにニューヨークに行くから、そちらで会おうと告げられたのだ。私は了承したが、まずはサンフランシスコにある彼の自宅で会ってから、それに加えてニューヨークでも会うものだと理解していた。ニューマークのほうは、ニューヨークで会うのだから自宅での取材はキャンセルしたと思っていた。だから私が現れたときにも、身支度さえできていない状態だったのだ。通りの向こうで待っていてほしい、用意ができたら携帯に電話するから、と言われてそのとおりにすると、二十分たって電話があった。それから、コーヒーを飲んだらその後に用事があるが、一緒に来てもかまわない、と言う。その用事が診察というわけだった。

相手がクレイグ・ニューマークなのだから、初対面がこれほど奇妙な展開になったのも、むしろふさわしいことだったのかもしれない。世間から身を隠しているわけではないが、つねにミステリアスで厭世的な雰囲気を漂わせている。だが、もしも読者が「クレイグスリスト」を知らないというのなら、あなたは四十歳以上か、あるいは「クレイグスリスト」の情報が出ているアメリカ四五〇都市とその他の五十二カ国以外の場所に住んでいるに違いない。何か探し物があるのなら――あるいは、誰かを探しているのなら――電話帳や新聞の広告欄よりも、そしてインターネットの出会い系サイトよりも、まずは「クレイグスリスト」だ。どんなときでも、どんなものでも、想像しうる限りあらゆるものが売り買いされている。ためしに夏の午後の暇潰しにでも、ニューヨーク版であてずっぽうに検索してみるといい。自転車、ボート、車、二メートル強の人工のクリスマスツリー、粉末消火剤、フェレットを飼うためのケージ、台座に乗った鹿の頭部など、実にさまざまなものを売り込む投稿が見つかるはずだ。

クレイグスリストのデザインはきわめてシンプル。画像はないし、一般の企業広告もない。ウェブサイトはあくまでテキストベースで、「コミュニティ」（地域活動、イベント、自動車の相乗り、ペット愛好家のグループなど）や「求人」、「サービス」、「売ります」、「住宅」、「単発の仕事を請け負います」（フリーのミュージシャンの演奏など）、「フォーラム」（菜食主義に関することから、エチケットの話題まで、さまざまだ）、「パーソナル」といった複数のカテゴリーに分かれている。投稿するのも、投稿されている記事に反応するのも簡単かつ無料だ。例外は「求人」と「住宅」で、「求人」のコーナーに情報を出すにはサンフランシスコ地域対象で七十五ドル、ニューヨーク、ロサンゼルス、ワシントン、ボストン、サンディエゴなら二十五ドルかかる。ニューヨーク地域で「住宅」の情報を出すなら、一件あたり十ドルだ。それ以外をすべて無料にした効果はてきめんで、二二〇〇万人を超える利用者がクレイグスリストで巨大なコミュニティを形成し、ページビューも月間八十億回という驚異的な数字を出している。「クレイグのリスト」という飾らぬ名前ながら、このサイト（www.craigslist.org）は、世界で七番目のページビューを誇るウェブサイトなのだ。

クレイグスリストが「何であるか」を理解するには、まず最初にクレイグスリストが「何ではない」という長いリストを理解しなければならない。株式公開企業ではない。慈善事業でもない。クレイグ・ニューマークは経営者ではない。大手企業の傘下というわけではないが、他社の影響が皆無というわけではない（オークションサイトのイーベイが、二〇〇四年にクレイグスリストの元株主から二五％の株式を取得し、理事会に参加している）。クレイグスリストに投稿される内容は新聞のように編集されたものではないし、フォーラムは進行管理されているわけでもない。

こうした数々の「……ではない」の要素が、クレイグスリストを今の姿に仕立て上げている。今の姿とはすなわち、各都市の地元コミュニティのために使われる、非常に有力な情報交換サイトだ。求人広告や売買広告はスタッフによって規制されているのではなく、利用者自身が一覧の右上をクリックして「フラグ（旗）」を立て、内容を簡単に分類できるようにしている。「カテゴリー間違い」、「禁止されている内容」、「スパム」、「議論」、「最高の内容」と判断した投稿があれば、それぞれのフラグを立てるのだ。重要なのは「禁止内容」と「スパム」で、一定数のフラグが集まれば（規定の数はカテゴリー、都市、日によっても異なる）自動的に投稿そのものがサイトから削除される。フォーラムではクレイグスリストのスタッフがフラグを確認する。創立者であるクレイグ・ニューマークが日がな一日行っているのは、こうした裏方作業だ。本人はその作業を顧客サービスと呼んでいる。

医療センターの近くのカフェに腰を落ち着けてから、私はニューマークに、詐欺や悪意ある目的でクレイグスリストを利用する人物にどう対応しているのかと尋ねてみた。「詐欺に関しては法的機関と協力している」と彼は答えた。

「残りは、僕が筋の通った対応を試みる。それでほとんどの場合はうまくいくんだ」

ニューマークは自分が生み出したコミュニティを、実にユニークなスタイルで効果的に管理している。複数の女性に嫌がらせをしたり、悪意ある書き込みをしたり、独身のふりをするなど不適切な自己表現をした人物でも、ニューマークから自制を促すEメールを受け取ると、ほぼ全員が驚くほど協力的な態度を示す。

クレイグ・ニューマークの生活は、サンフランシスコのコールヴァレーと呼ばれる地域と、インナーサンセットという地域の二カ所にはっきりと分けられている。コールヴァレーにあるのは二階建てバンガローの自宅。そしてインナーサンセットでは、ヴィクトリア朝の住居を改築して、二十三人のフルタイム社員が働くオフィスにしている。この二カ所は直線距離では一・五キロ程度しか離れていないが、横の移動だけではなく縦の移動距離も軽視できないサンフランシスコでは、後者の遠さも侮れない。ともかく、私たちはカリフォルニア大学サンフランシスコ校から歩いてインナーサンセットに向かい、角を一回だけ曲がって、クレイグスリストの拠点である二階建てのヴィクトリア朝住居にたどり着いた。

この「本社」には十一のメインルームがあり、その一つがニューマークのオフィスで、CEOのジム・バックマスターと共同で使っている。バスルームと小さなキッチンも一つずつあるが、きわめて簡素だ。平穏に仕事ができるオフィス――という印象を受ける。私が断言を避けるのは、そこで働く人々が、まるでクレイグスリストという遺伝子を共有する結束の固い一族のように、独特の集団を形成していたからだ。ニューマークが私を紹介するあいだ、誰も私に笑いかけたり、挨拶をする者はいなかった。CEOですら、私の紹介にそれほど興味を示さず、自分の仕事に戻っていった。この古いヴィクトリア朝住居には、いわゆる「会社」らしい雰囲気を強く否定する空気が流れており（ニューマークはこれを「目的意識の強さ」と表現した）、少なくとも私がいたあいだは不自然なほど静かだった。

ニューマークのデスクは広い木目の机で、巨大なコンピュータに占拠されている。バックマスターと背中合わせで座っているので、同僚というよりも、別々の学期末レポートに取り組んでいるルームメイトの学生同士のようだ。デスクの上方には書棚があり、歴史関係の本が読みかけの状態で並んでいる。それから写真が飾られているほか、アニメ『シンプソンズ』のジオラマまで置いてある。

オフィスに入ると、ニューマークはすぐ仕事に取りかかった。コンピュータに向かう彼の姿は、タマネギを刻むシェフか、あるいは綿繰り機を扱う職人に少し似ている。メールの送受信をする動作は素早く効率的で、私にはついていけないほどだ。ウィンドウからウィンドウへと飛び回り、画面表示がパッパッと切り替わる。二、三の質問をしようとしたのだが、そばで仕事をしているバックマスターの邪魔になっているようだったので、とりあえずもう一度サンフランシスコで会う約束を取りつけることにした。次の機会には、周囲にきがねせず会話のできる彼の自宅から、仕事の様子を観察させてもらうつもりだ。私がオフィスからそっと出て行くときも、誰も顔を上げなかった。

エアギターさしあげます

投稿日：2007-09-11, 5:09PM (EDT)

左利き用ヴィンテージもののエアギターを無料で。必要なのは新しい弦と、いい感じの汚れ具合のみ。

それから二週間後、今度はニューヨークで彼と会った。グリニッチヴィレッジが好きだというので、雰囲気の良さそうなカフェレストランで早めの夕食をともにしようと、予約を入れておいた。私が到着すると、彼はもうテーブルについていた。

私は、クレイグスリストの「パーソナル」カテゴリーに載っている「ご縁ふたたび」欄について質問した。これはクレイグスリストの中でも一番人気のコーナーの一つで、おそらく西欧社会に対するクレイグスリストの最大の貢献とも言えるだろう。「ご縁ふたたび」が提供するのは、文字どおり二度目のチャンスだ。現実世界で一度は出会っているのに、縁を深めるためのステップに踏み出せなかったことを後悔している際に、再会を叶える手段として利用する。あるいは恋に破れた人物がメッセージを投稿し、相手が見つけて反応してくれるのを期待する場にもなる。このカテゴリーのアイディアは、二〇〇〇年九月にバックマスターが思いついた。「きみは地下鉄で僕にほほえみかけてくれたけど、僕は声をかける勇気を出せなかったんだ。一緒にお茶でもしませんか」といった調子の書き込みが多いと気づいたからだという。一方、ニューマークはこのコーナーについて、「誰かに出会って、ときめきを感じても、電話番号を交換できないことってあるからね」と言うにとどめた。彼は言葉にあからさまな皮肉をこめたりせず、きわめて客観的に物事を表現しつつも、聞き手に新しい視点を知ったような気持ちにさせる力を持っている。尊大さは感じさせない。むしろ一般的な企業の中間管理職よりも近づきやすい存在だ。

ニューマークは一九九五年初頭にクレイグスリストを始めた。当時の彼は投資会社チャールズ・シュワブでシステム・アーキテクトとして働いていた。正式な仕事内容はネットワークセキュリティの管理だったが、プライベートでも、黎明期におけるインターネット伝道師の役割を果たすようになっていた。何しろ、一般の人々がインターネットの使い方など何も知らなかった時期だ。

初期のクレイグスリストはウェブサイトではなく、ただのメーリングリストとして生まれた。その地域にまつわる技術関連の情報や、芸術関係のニュースを友人にメールで流していたのだが、時間が経つにつれてリストは膨れ上がり、ついにはニューマークが使っているEメールプログラムの容量を超えてしまった。そこで、サーバ上に階層を作り、イベント情報を整理しておけばシンプルでいいと気づく。タイトル名が必要だったので、本人は「SFイベント」と呼びたいと考えた。だが、数人の友人が「クレイグのリスト」という名前を主張した。

ウェブサイトを設計するにあたっては、コンテンツであるイベント情報を友人たちに自由に投稿してもらうことで、時間を節約した。そして立ち上げから最初の二、三年間に、周囲のリクエストに応じてカテゴリーを増やしていった。初期にできたのが「求人」「売ります」「部屋を貸します」のコーナーだ。サイトの人気を後押ししたのは、一九九〇年代後半のインターネットに対する関心の高まりと、サンフランシスコの住宅市場の爆発的拡大だった。この時期に何千人というIT企業社員がサンフランシスコに引っ越してきたからだ。彼らにとって、素早く、安く、簡単にアクセスして賃貸情報をチェックできるウェブサイトは、かなり貴重な存在だった。一九九七年にはページビューが月間一〇〇万件を上回り、サンフランシスコの日常生活の一部として、急速に存在感を高めていた。アパートを借りたければクレイグスリスト。転職したければクレイグスリスト。古い家具を売りたいときも、クレイグスリストを利用すればいい。

コンテンツとページビューは増加の一途をたどり、サンフランシスコ以外の地域でも運営してほしいとリクエストが寄せられるようになった。同時に、ニューマークにとってサイト管理とトラブル対処がかなりの負担になりはじめた。データストレージとサーバ利用料の負担も大きい。それまではポケットマネーから資金を出していたが、あまりにも急速に拡大し、手間とコストがかかるようになったことで、もはや副業として続けていける段階ではなくなった。

ニューマークが最初にとった対策は、一九九八年に、クレイグスリストの利用者コミュニティに助けを求めたことだった。多くのボランティアが名乗りを上げ、サイト運営を手伝うと申し出た。

「それも悪くないアイディアだったんだが、あまり信頼できない人も多くて、サイトにとっていい結果にならなかった」

そこで求人広告の出稿に課金し、それを収入源にした。クレイグスリスト初の課金制度だ。一九九九年には、ついに昼間の仕事を辞めて運営に専念し、アシスタントの起用も始めた。スタッフの当初の作業場はニューマークの自宅だった。「六人くらいのオフィスとして快適に使えた」と、前のアパート——これもコールヴァレーにあった——について、彼は語っている。

「だけど、八人になったら、それほど居心地よくはなくなった」

二〇〇〇年、ニューマークはいくつか重要な変更を行った。まず、従業員に株式を与える

(ニューマークもバックマスターも具体的な数字は口に出さなかったが、ある社員は最終的に二五%の株式を清算してい

る）。次に、自分を降格して、リード・プログラマーとして雇ったジム・バックマスターをCEOに昇格した。CEOの座を降りた理由を尋ねると、ニューマークは皮肉めいた微笑を浮かべてこう答えた。

「自分はあんまり優れた経営者ではない、と気づきはじめていたんだ。ご親切にも、それを指摘してくれる人もいたし。それから、IBMに勤めていた頃に読んだ新聞記事に、起業に向いている人間が必ずしも事業の維持に向いているわけではない、と書かれていたのを思い出したからだ」

さらに同年にはきちんとしたオフィススペースに移転し、クレイグスリストは本格的なビジネスとして動きはじめた。

経営がジム・バックマスターの手に移ってからは猛烈な勢いで成長し、わずか一年で対象地域を八都市も追加。コストはかかってないも同然だった。そしてニューマークも、業務の最高責任者を続けていたら得られなかったであろう安定した生活を取り戻せた。つまり、どちらの面でも、バックマスターにCEOの役職を委ねたのは吉と出たようだ。さらに新CEOのもと、二〇〇〇年に「パーソナル」のコーナーが加わり、それがクレイグスリストに文化的な位置づけを与えた。「パーソナル」カテゴリーが不思議な触媒のような役割を果たし、サイトに絶大な人気が集まる。クレイグスリストは全米の各都市で一躍、象徴的な存在へと変わった。

だが、社員に株式を与えたことについては、それほど良い効果は出なかったという。

「自分たちの仕事はコミュニティサービスだと考えているが、事業を売ってしまいたい誘惑に駆られることがないわけではなかった。だから株式を譲渡したんだ――誰かに与えてしまえば、自分が売り払ってしまう可能性も低くなるから。けれど、それは裏目に出た。僕自身は心の底から株式を売りたいという気持ちになったことはないが、〔社員の一人は〕持分を売ってしまった」

その社員の株式売却により、二〇〇四年、クレイグスリストは巨大企業と手を結ぶことになる。オークションサイトのイーベイだ。当時、クレイグ・ニューマークとジム・バックマスターはこの提携を支持していた。イーベイがセキュリティ面でクレイグスリストを助けてくれると考えていたからだ。だがイーベイは「キジジ」という無料のクラシファイド・サイトを立ち上げ、クレイグスリストと競合するようになった。ニューマークとバックスターがこの点をどう見ているか、それは定かではない。

＊＊＊

待ち合わせのカフェレストランに着いた私はサラダを頼んだ。ニューマークは、「本日のスープ」で空腹を満たせるだろうかと思案に暮れている。決まるのを待ってから毎日の仕事のスケジュールについて尋ねると、次のような具合であることがわかった。

週末は、友人や恋人のアイリーンと会ったり、家族と会ったりすることもときにはあるものの、たいていは土曜も日曜も仕事をしているという。では、一番最近に休暇をとったのは？　ニューマークはしばしあごヒゲをかいて考え込んだ。

「本当に思い出せない。十年以上前なのは確かだと思う」

私が念を押すと、シンプルな答えが返ってきた。

「休みをとるのが得意ではないんだ。数年前にハワイに行ったけど、チケット代を払っただけみたいなもので、結局はホテルのビジネスセンターで仕事をしていた」

最近ではイスラエルにも行ったが、このときも講演と仕事でスケジュールがいっぱいで、ほんの少し観光をしただけだったという。

次に個人的な目標について尋ねてみる。驚いたことに、答えはクレイグスリストとは関係の

8:00	起床
8:00 ～ 10:00	自宅で仕事
10:00 ～ 10:30	シャワーを浴びる
10:30 ～ 11:30	カフェでコーヒーを飲む
11:30 ～ 12:30	オフィスまで徒歩で通勤 途中でランチをとる
12:30 ～ 17:00	オフィスで仕事
17:30 ～ 19:00	自宅で仕事
19:00 ～ 21:00	夕食、くつろぐ時間
21:00 ～ 23:00	自宅で仕事
23:00	テレビを観る

ないものだった。

「世界を救えたらと思うけど、僕はそれほど頭がいいわけではないから、別の人にやってもらうことができたらいいと思う。社会には、もっとレベルの高いジャーナリズムと調査報道が必要だ。だから、そうしたことに以前から資金援助をしている」

ニューマークは、非営利団体センター・フォー・シチズンメディアや、ニューヨーク大学のプログラムなどに出資しているほか、ワシントンの不透明な動向を明るみに出す活動をしている団体サンライト・ファウンデーションの理事でもある。

だが、より物質的な目標を尋ねた質問は、完全に宙に浮いてしまった。彼は何も目標を持っていないようなのだ。クレイグスリストを始める前のシステム・アーキテクトとしての仕事で生活は安定した。住みよい地域に家も買い、そこを気に入っている。立派なテレビもあるし、コンピュータは何台も持っている。他に欲しいものを挙げようとして、彼は悩み込んだ。

「たしかに先立つものは金だ。この社会で生きていくには必要だよ。でも、ある程度の額を稼いでしまったら、それ以上儲けてどうする？　いつかは僕も中年の危機感に駆られて奇行に走り、頭をソフトモヒカンにしたり、建物に自分の名前をつけたりするかもしれない。でも今は古いプリウスに乗っていれば充分だ」

前回の会合でも、今回の取材でも、ニューマークは自分を「怠け者」と表現した。だが私の計算では一週間に六十～八十時間は働いているのだから、怠惰だと考える理由が理解できない。

その点について尋ねると、ニューマークは「僕よりもずっと先見性があって、問題に対して具体的な行動を起こす人がいる」と語った。そして二人の人気ブロガーを例に挙げた。保守派ブログ「インスタパンディット」を運営するグレン・レイノルズと、リベラル派ブログ「デイリー・コス」のマーコス・ムリツァスだ。たしかに彼らは、自分が重要視する問題に対して変化を起こそうと積極的に活動している。だが、彼らとの比較を理由に「怠け者」と自称するのもおかしな話だ。おそらくニューマークは、望む生活を完璧に手に入れてしまっているために、単にその他の目標が思い浮かばないのだろう。仕事は彼にとって娯楽でもあり、気晴らしでもある。ただ、世間にはもっと真面目な目標を追求している人もいる。その事実が罪悪感を感じさせているにすぎない。

私たちが食事をしているあいだに、テーブルの担当が最初のウエイターから二人のウエイトレスに交代した。一人は二十一歳のはつらつとした女性で、名前をミアという。年上のほうの女性がミアを紹介して、研修中だと説明した。ニューマークが遠慮がちに「この店のアルバイト情報はどこに掲載されているんですか?」と尋ねると、研修生はニューマークの運営するクラシファイド・サイトの名前を挙げた。

「あのサイトのことを、どう思いますか?」と、ニューマークが重ねて聞く。すると研修生は「かっこいいと思います」と答えた。「すごく便利です」。そして一瞬の沈黙が流れる。ニューマークが素性を明かすのかと思ったが、どうやら慎みが邪魔しているらしい。そこで私が代理を買って出た。

「この人がクレイグスリストのクレイグですよ」

するとニ人のウエイトレスはもう一度まじまじと相手を見て、興奮した様子でいっぺんに喋りだした。

「すごい！　私は今のアパートもクレイグスリストで見つけたんですよ。〔あんなサイトを作るなんて〕本当にすごいと思います！」

年上のウエイトレスがそう言うと、研修生のミアも「私の仕事は、全部あなたのところで見つけたんです」と話した。

「最初のアパートも、この仕事も、前の仕事も。初めての同居人を見つけたときも。それから恋人もクレイグスリストで見つけたんです！」

二人が歩み去り、私が「褒められると仕事の励みになりますね」と言うと、彼は「ああいうふうに言われると、今でも驚くよ。嬉しくも思うんだが」と答えた。クレイグスリストの成功には少々困惑しているらしい。彼は、成功には幸運とチャンスが一要素としてかかわっていることを自覚している数少ない企業家の一人だ。九〇年代に友人を相手にイベント情報の送信をしていたのは彼だけではなかった。そのリストをビジネスに変えたのも、彼だけではなかった。たとえばベルナルド・ホセレヴィチという人物は、ドットコムブームの時期にニューヨークでかなり大規模なイベント告知リストを作り、今もイベント情報の投稿や、メールキャンペーンの申し込みに課金して生計を立てている。この人物はリストをニューヨーク以外の地域へと拡大しなかったが、試みた人間が他にいなかったわけではない。だが、クレイグスリストほど一般大衆の関心を集めたリストは存在しない。

クレイグスリストが突出している要因は何なのか。便利で使いやすいのは確かだ。だが、新聞で最も衰退しつつあるクラシファイド（三行広告）というコーナーを取り上げ、そこに命を吹き込んだことのほうが、大きな要因だったのかもしれない。水を向けると、ニューマークはまたしてもその功績から退いてみせた。

「結果には納得しているが、成果を出してきたのはサイトを使っている人たちだ。僕たちの役割は、ただ、その邪魔をしないことなんだよ。このように使うべきだ、と利用者に指示するサイトもある。サイトの使い方は使う人が決めるべきだというのが僕らの見解だ」

ニューマークは、ハリケーン・カトリーナが発生した際の利用方法を例に挙げた。

「ニューオーリンズでは、生存者たちが、お互いの居場所を知らせるネットワークとして使った。それから、仕事や住居の需要と供給を調整する手段としても活用した。これのおかげでお互いがつながっている気持ちになれた。コミュニティを理論的に定義するのは無理だと思っているが、人が他人との結びつきを感じられるとしたら、それこそがコミュニティだよ」

この意味でクレイグスリストは、ブランドに関する非常に進んだ考察を反映している。たとえば『ブランド・ハイジャック』（酒井泰介訳、日経BP社、二〇〇五年）の著者アレックス・ウィッパーファースは、靴ブランドのドクター・マーチン、ファストフードのイン・アウト・バーガー、ビールのパブスト・ブルーリボンといったブランドを体系的に研究して、消費者がブランドを支配し、ブランドを自分のものとしていく様子を観察した。彼らは、ブランドを予想もしなかった方法で利用し、カスタマイズし、本来の姿から変えていく。個人に都合よく変える過程で、幅広い消費者に通用するブランドが創出する。それが「ブランド・ハイジャック」だ。クレイグスリストは、当初からハイジャックされたブランドだったのである。ニューマーク自身はこのブランドを「公共サービス」と呼んでいるが、彼が下した数々の大きな決断――五〇％以上の株式を社員に与えた重大決定も含めて――が、公共のために尽くすというミッションに根ざしているのは明らかだ。利用者自身がサイトを動かしているので、つねにコア・オーディエンスとの強い結びつきを維持している。社員に流れる雰囲気はリベラルだが、サイトそのものは基本的に保守的である。変化の必要性が疑いようもなくなった場合だけ進化する。ゆえに、新しい機能も新しいサービス地域も、それなりの支持基盤ができあがって初めて実現している。

クレイグスリストに対しては、ジャングルのようだという批判もある。クレイグスリストでの出会いも、クレイグスリストで手に入る品物も、あたりはずれの差が大きい。イーベイと違って、取引や業者を利用者が採点する評価管理システムが存在しない。「パーソナル」コーナーもリスクを伴う。投稿にも返信にもコストがかからないので、ときにはかなり怪しげな人物も利用するからだ。クレイグスリストでの出会いには、身元が判断できないという危険とスリルがある。二〇〇五年にクレイグ・ニューマークが、インターネット業界の有名人を表彰する「ウェビー・アワード」で「パーソン・オブ・ザ・イヤー」に選ばれたときには、コメディ番組『デイリー・ショウ』の特派員を務めた俳優ロブ・コードリーが、こんな印象的なセリフを言い放った。

「おめでとう、クレイグ。僕がクラミジアに感染したのは、きみのおかげだよ」

クレイグスリストに評価管理の機能を加えるつもりはないのか――そう尋ねると、ニューマークは「そうするべき時期が来たと思っている」と答えた。

「実のところ、少し遅いくらいだ。だが、タイミングに関して僕は失敗するときも多いからね。問題は、もっと優れた利用者認証方法が必要だ、ということでもある」

それは、「クレイグスリストの内部スタッフが、導入に抵抗を示している」ということではなく、そうした正攻法の品質管理をするには技術的進歩が必ずしも充分ではないし、コミュニティにも心の準備ができていないかもしれない――という意味だった。ニューマークは、「現時点で機能しているものを台無しにするような真似はしない」という信念を基盤に、彼なりの使命感を持っているのだ。

募集：ライバル同士の出演者（セレブのトーク番組）

投稿日：2007-07-19, 1:09PM (EDT)

あの女には負けたくない、という友人がいますか?

どんなときでも対抗してくるライバルがいますか?

そんなあなたのために、どちらが上かはっきり決着をつけるチャンスです。セレブが司会するトーク番組にライバルと一緒に出演し、腕前を披露してくださる女性を探しています。

あなたとお友達の写真、ライバル関係の簡単な説明を添えて応募してください。

ニューヨークでの会合後、日を改めて、私は再びサンフランシスコのクレイグ・ニューマークの家を訪れた。玄関の外に立ち、控えめにノックしながら、今回も意志の疎通に失敗していたらどうしようと考える。だが、その日の彼はちゃんと私を待っており、身支度も整えていた。外から見るよりも広々としたバンガローを簡単に案内してもらう。家はコールヴァレーの主要道路から丘を迂回するU字型の道に面している。まるで電線に並んで夕日を眺めるカラスのように、小さな建物ばかりがぽつりぽつりと立ち並んでいる高級住宅街だ。室内は、モダンだが心地のよい家具で上品にまとまっている。リビングルームを占拠しているのは巨大なプラズマテレビだ。

テレビの背後には設備の整ったキッチンがあり、その横に仕事部屋がある。玄関は一階だったが、このバンガローは丘の斜面に建てられているため、寝室は階下だ。仕事部屋にはシンプルな色合いの硬木の机がでんと置かれ、そこに二十四インチのモニターを備えたＬｉｎｕｘ搭載のパソコンが鎮座している。見晴らしのいいベランダがあり、そこからサンフランシスコのツインピークス一帯の景色を眺められる。

ニューマークは勤務時間の少なくとも半分を、この自宅オフィスで過ごしている。仕事の様子に興味があったし、今回は周囲に誰もいなかったので、彼がしていることを尋ねることができた。「彼がしていること」という表現しかできないのは、私には職場で見たときよりも猛スピードでコンピュータを動かしているようにしか見えなかったからだ。しかし次第に、彼がオンラインで果たす役割が浮かび上がってきた。彼はサイトを巡回する警察官であり、セラピストでもある。その日、最初に取り組んだのは、フォーラムで暴言を吐いたり嫌がらせをしたりしている男性利用者の問題だ。以前にもトラブルがあったので、ニューマークはこの男のことを認識していたが、「ちゃんと薬を飲んでいないんだろう」と同情を示した。そしてこの男性がクレイグスリストにアクセスできないよう一時的にブロックし、メールで通知を送った。

次は、掲示板を利用して宣伝をしている人物への対処だ。

「これは絶対やってはいけないことなんだ。この人は前にも警告を受けているし」

広告を削除し、この人物の投稿権を剥奪し、ＩＰアドレスをブロックする。それから、ペットをテーマとした掲示板で展開されている口論と嫌がらせの仲裁に入った。ペットを交配して自宅の裏庭で販売するのは合法か、許容範囲か、といった議論からケンカが始まったらしい（都会だったら問題になるだろう）。仲裁を終えると、次はルームメイト斡旋サービスへの対応だ。無認可の業者がクレイグスリストを抜け道として利用していたので、ニューヨーク市消費者局に連絡して警告してもらうことにした。それから不動産情報のコーナーに移ると、大家用の投稿コーナーで仲介業者の投稿が見つかった。これも許されざる行為だ。投稿者はプロのスパム送信業者を使って広告を投稿していたため、ＩＰアドレスを調べ、そのアドレスからの投稿を洗い出して削除する。その数は一三二件。あとでその業者の利用しているプロバイダに連絡しておかなければならない。ニューマークは自分用にメモを残した。

クレイグスリストで頻発するのは、ケンカをしかける目的で攻撃的になったり、物議を醸しやすい話題（人種差別など偏見に満ちた内容であることが多い）をわざと投稿する人物の問題だ。「こういう人のことは『荒らし』と呼んでいる。興味を引こうとしているんだよ」とニューマークが説明した。フラグを立てられた書き込みの一つは、女性に対する怒りに満ちた暴言だ。ニューマークはそれを読んでありありとため息を――作業中、何度もそうしたため息を繰り返している――をついた。危険を感じるというよりも困惑と悲しみを示しつつ、削除する。次に、利用者から送られてきたメールを読む。車を買おうとして詐欺にあった、という内容だ。クレイグスリストは、買い手と売り手のやりとりに何の保証もしていない。だが、誰かが騙されるといった事態には、ニューマークはいつも本気で腹を立てる。メールの送り主である被害者には、ＦＢＩに連絡するよう伝えるとともに、犯人の所在地確認に協力すると返事をした。

クレイグ・ニューマークが選んだ仕事の魅力が、私にも少しずつ理解されはじめた。自分が生み出したコミュニティを見守り、正常な状態に保つ。そして侵入者から守る対策には積極的に動く。彼は、もはや経営者ではないが、自分の作った価値構造の浸透に日々尽力しているのだ。クレイグスリストのクレイグから直接の警告を受ければ、おそらく忘れられない経験になるだろう。

出し抜けにニューマークが立ち上がり、コーヒーの時間だと宣言した。コーヒーショップ「レヴェリ」に行くのは、彼にとって大事な日課なのである。

本人の説明によると、クレイグ・ニューマークはニュージャージー州の郊外で、きわめて平凡な子供時代を送った。だが、十三歳のときに父親が肺癌でこの世を去る。高校時代は、分厚い眼鏡をかけ、大量のペンを「ポケットプロテクター」という専用ケースに入れてポケットに挿した典型的なオタクだった。私も中学時代はベルトにテキサス・インストゥルメント社製の関数電卓を挿していたことを勇気を出して打ち明けると、ニューマークは笑って、だったら一回りほど年が違うはずだ（たしかにそのとおり）、自分の世代はスライド式定規を使っていたから、と言った。高校卒業後は家を出て、オハイオ州クリーブランドのケースウェスタンリザーブ大学に進学し、コンピュータサイエンスで二つの学位を取得。大学を出るとフロリダ州ボッカラートンでＩＢＭのシステム・プログラマーとして働いた。そこで六年が過ぎてから、デトロイト支社に異動することになった。

さらに十年後には、ピッツバーグに異動して一年勤務したが、ＩＢＭがリストラを始めたので退職を決意する。チャールズ・シュワブに転職が決まり、サンフランシスコに引っ越して、以来そこに住みつづけているというわけだ。

新品のモニターとプリンタケーブルを、あなたの煙草と交換してください——10 ドル

投稿日：2007-07-19, 4:20PM (EDT)

煙草ひと箱がどうしても必要なのですが、お金がありません。以下のものと交換したいと思います。

1. 新品の 14 インチ CRT カラーモニター（黒、デル製）
2. 未開封のコンピュータケーブルのパック

そこのあなた、わざわざ煙草を買ってもいいくらいの取引だと思いませんか。電話してください。僕が持っていかなくちゃならない場合は 10ドル。直接会えるんであれば、お特な取引です。

今すぐお電話を。

コーヒーハウス「レヴェリ」は、コールヴァレーの小洒落たカフェで、店の裏に広がる美しい庭がなければスターバックスと間違えかねない。その店に入ってから、私は、バーチャル市場としてのクレイグスリストの概念について尋ねた。

「蚤の市だと表現されているが、それが正確だと思っている。つまり、大昔から存在している市場のイメージだ」

ニューマークが言うとおり、たしかにクレイグスリストはイスタンブールのグラン・バザールや、バンコクのチャウトチャックで開かれるウィークエンドマーケットの雑然とした雰囲気を彷彿とさせる。しかし、おもしろいのはその成り立ちだ。単に自分の売りたいものを何でも売って、自分で宣伝文句を書くこともできるから、という理由でこうした独特な雰囲気が生まれたわけではない。その条件はイーベイも同じだが、イーベイは商業的なサイトという雰囲気がある。だが、クレイグスリストの投稿には売り手の個性がにじみ出る。「パーソナル」欄だけではない。「机、売ります」や「ヤンキーズのチケットとメッツのチケットを交換してください」の文章でさえ、書いた人物の個性が表れる。ニューマークはそれをよく理解している。彼にとって、リアルなコミュニティを生み出したという実感こそが、何より満足をもたらしているのだ。

恋人のアイリーンについても尋ねてみた。ニューマークは独身だが、アイリーンとは三年前から交際が続いている。結婚の予定を聞くと、彼は曖昧な口調で「式には特に興味はないいんだ」と答えた。それから急いで、今のは文字どおり結婚式のことであって、結婚そのものに興味がないわけではない、と付け加えた。ニューマークとアイリーンは、今私たちが座っているカフェ「レヴェリ」で出会い、ニューマークのほうがアプローチをかけたのだという。何だか想像もできない話だ。だが、あとからアイリーン本人に確認すると、たしかにそうだったと話してくれた。

ニューマークの第一印象を聞くと、彼女は笑って「いい人だと思った。正直で、昔堅気な人。元カレとは正反対よ」と答えた。だが交際を始める前の時点で、クレイグ・ニューマークの正体を知っていたのだろうか。この質問に対する答えはイエスだった。

「仕事について尋ねたら、コミュニティ・ウェブサイトを運営していると言ったの。名前がクレイグだというのは知っていたから、クレイグスリストのクレイグなのかと聞いたら、そうだって。それまではデートの誘いをはぐらかしていたんだけど、これを聞いてデートしてみようと思ったのよ。だって、すごい話でしょ。クレイグスリストのクレイグとデートしました、なんて」

実際にデートをしてみて魅力的な人物だと思い——たしかに、ニューマークの率直さには好感を持たずにいられない——二度目のデートをすることにした。そして交際が始まった。クレイグ・ニューマークと付き合っていて問題はないのかと尋ねると、アイリーンは休暇について言及した。

「どうにかしなきゃいけないわ。一度も休暇を楽しまずに人生を過ごすなんて、私はイヤだもの。休暇は必要なことなの。でも彼は、無線LAN接続が使えない場所には行きたがらない。男といると、いつだって何か問題があるのよね」

いい男、募集中

投稿日：2003-06-18, 9:11PM (EDT)

当方25歳、中国系アメリカ人、女性、身長157センチ、大学院生、絵を描きながら、素敵な男性を探してます。いい男、いますか?

私は親しみやすく、明るく、先入観にとらわれない性格です。シンプルなもの（自然、ぐっすり眠れることなど）が好きです。バカなことも大好き（『バグズ・バニー』のアニメとか、モンティ・パイソンの映画のファンです）。音楽も好きです（エレキ系の音楽が好き。ラジオヘッドとか、エイミー・マン、ザ・スミスがお気に入りです。でも、ドビュッシーとか、ブエナ・ビスタ・クラブとか、中国系のポップミュージックも聴きます）。アートも好きです（カルバン&ホッブスの新聞漫画から、ルシアン・フロイドの絵画まで）。

あなたも、こういうことが好きならば、ぜひメールをください。チャットしたり、もしかしたらお会いするかもしれません。

※ 冷やかしのメールはやめてください。

クレイグ・ニューマークとの一連のやりとりのさなかに、私は、クレイグスリストで知り合ったカップルの結婚式に出席する機会があった。式場に行き、壁に貼られているメールのプリントアウトを見るまでは、この夫婦が〈クレイグスリスト婚〉だったとはまったく知らなかった。一通目のメールは「あなたの投稿をクレイグスリストで見ました」で始まっている。夫婦は最初の投稿記事を保存していなかったのだが、ニューマークが発掘してくれた（それが先ほど紹介した内容だ）。

この夫婦が成立した経緯は、クレイグスリストの気質を完璧なまでに表している。二人の出身地は完全にばらばら。そのため結婚式は、最初にクエーカー教徒のスタイルで式を行い、次に伝統的な中国料理のフルコースが振舞われるという展開だった。新郎と新婦は表面的には何も共通点がないが、趣味や気性は驚くほどよく似ている。二人とも教師で、音楽をやっている。慎み深く礼儀正しい。大都市なら多種多様な層が密接して生活し、共通する趣味を通じて触れ合う機会が多いので、こうしたカップルが成立することも昨今では珍しくはない。だが、ぴったりの相手と知り合う幸運に恵まれない独身にとっては、クレイグスリストが社会的潤滑油となり、出会いの歯車に油を挿す役割を果たすのだ。

ニューマークが「レヴェリ」のコーヒーを飲み終わる頃、私の時計も、そろそろ別れを告げて空港へ向かう時間だと告げていた。だが私は、もっと大きな物質的目標はないのかと、なおもニューマークに質問を重ねた。何しろ、社員数はわずか二十三人で、運転資金もそれほどかからず、なおかつ一部のアナリストによれば昨年だけでも五五〇〇万ドルの収益をあげる企業を立ち上げた男なのだ。ヨットで生活したり、シャンパンの風呂に入ったりしたいのではないだろうか。人生に本当に欲しいものは何なのか――まだ叶っていない個人的欲求や目標はないのだろうか。追求する私に対し、ニューマークは笑って首を振った。「特にないんだ。ＯＱＯ社のノートパソコンが届かないかな、とは思っているけど……」と、Ｌｉｎｕｘ搭載のノートパソコンがどれほど素晴らしいものであるか説明を始める。そこで私は質問を変え、引退の予定について尋ねてみた。

クレイグ・ニューマークは「辞めるのは死ぬときだ」と語る。間違いなくそのとおりなのだろう、と私は思う。

第 **3** 章

The Tinkerer

試行錯誤の修理屋

ゲイリー・エリクソン

栄養補助食品メーカー

クリフバー

Clif Bar

カリフォルニア州セントヘレナのクリフバー・ファミリー・ワイナリー&ファームは、サンフランシスコからわずか一時間半ほどの場所に位置している。だが、その短い距離を行くにも、違った世界を通り抜ける二種類のルートがある。一つは、ゴールデンゲートブリッジを渡り、フルトンで東に曲がり、セントヘレナの南側から入っていくルート。あるいは、東へ伸びるベイブリッジを渡ってオークランド方面へ抜け、北へ折れてヴァレーホやナパを抜けてもいい。私は後者のルートを選び、カーナビの快活な女性の声に導かれて、迷路のように入り組んだサンフランシスコの通りを抜け、ベイブリッジに向かった。ベイブリッジは正確には一本の橋ではなく、二本の橋が組み合わさって、湾の中ほどに浮かぶイエルバブエナ島を経由して対岸を結んでいる。そのあたりでサンフランシスコの古びた魅力ある雰囲気は消え去り、近代的都市と産業用の港が見えてくる。

都会から離れるにつれ、景色の違いに驚かされる。橋を通り抜ける右手に見えるは、迫り来るような巨大な金属の骨組みだ。それは海軍の物資供給所にあるカーゴクレーンで、船からコンテナを回収するべく鎮座している。あまりに奇怪な眺めなので、思わず私は港から視線をそらした。そして、フリーモントとミルピタスを抜けてマウント・ハミルトンへ続く道へと目を凝らす。サンノゼの向こう、六十キロほどのところにあるその丘で、一九九〇年十一月に、クリフバーという会社が誕生したのだ。

きっかけとなったその日、ジェイ・トーマスとゲイリー・エリクソンという二人の男が自転車でマウント・ハミルトンを越えようと試みていた。ジェイ・トーマスが企画して、一緒にヨーロッパをトレッキングしたこともある友人のゲイリー・エリクソンを誘ったのだ。計画では、一日で約二八〇キロを走行することになっている。レースにも出場するほどの二人にとっては大した距離ではなかった。ところが、そのルートを走るのは初めてだったので、三分の二を過ぎてマウント・ハミルトンの頂上に着いたときに、残りがきわめて厳しい道のりだと気づいた。午後も遅い時間で、太陽は地平線に沈みかけている。エリクソンはスティックタイプの栄養補助食品「パワーバー」を六個持参していたが、すでに五個は食べてしまっていた。最後の一個を食べようとしたが、口に入れて噛みはじめたところで胃がねじれるような感覚を覚え、最初の一口を飲み込むことすらできなくなってしまった。

優れた自転車レーサーは長い距離を走り抜くために、身体全体のエネルギーを使う。パワーバーという栄養補助食品は、その四年前、ブライアン・マクスウェルというマラソン選手のアイディアで開発された。エネルギーを補給する栄養とカロリーを携帯しやすい形状にして、アスリートが大量かつ多種類の食品を持ち運ばなくて済むようにしたのだ。とはいえ、レース前に大量に炭水化物を摂取するマラソン選手にとっては、スティックタイプの携帯食品は必ずしも必要ではなく、むしろ、自転車愛好家のあいだで人気になった。パワーバーは、自転車愛好家の長年の悩みを解消する見事なソリューションだったのだが、味のほうは、とてもではないが食べ物とは言えなかった。マクスウェルが考案したパワーバーの定義は、あくまで「燃料」だったのだ。固くて噛みにくく、人工的な舌触りがして、自然界にあるどんな食べ物とも似ていない。自転車愛好家はそれを「苦い薬」と呼んでいたが、ともかくこれを食べれば走りつづけられるという理由で愛用していた。

ゲイリー・エリクソンの祖母カーリはギリシャ人で、孫のためによくパンや焼き菓子を作った。食べ物を愛する家庭に生まれた彼は、その愛情をしっかりと受け継いでいた。パワーバーはもう一口だって食べられない。だが、自分ならこの問題を解決できるのではないか――そう考えたところで、パワーバーと同じ栄養とカロリーを備え、同じコンパクトさでありながら、ガムではなくてクッキーのように食べられる食品のアイディアがひらめいた。似たようなことを考えた人間は多かったかもしれないが、エリクソンは「その他大勢」と違って、アイディアを実現する技術があった。ガレージに寝泊りする生活ながら、「カーリズ・スイーツ&サイヴォリーズ」というベーカリーを立ち上げていたし、「アヴォセット」という名の自転車付属品メーカーで工場長としても働いていた。だから菓子を作ったり何かを製造したりといった作業には慣れていたのだ。

エリクソンたちはその日の予定ルートを完走したが、そのためにセブン－イレブンに立ち寄り、パワーバーのかわりにミニドーナツを六個もむさぼった。翌日、エリクソンは母親に電話し、キッチンを借りて、エネルギー補給用焼き菓子の開発に取り組む。商品化を目指して親子で協力するのは、そのときが初めてではなかった。カーリズ・スイーツ&サイヴォリーズの商品は、どれも母の手を借りて考案したものだったからだ。今回、親子はまずパワーバーの成分に基づいた改良品の開発を試みたが、すぐにそれが複雑に加工された人工的な成分だということがわかった。同じ成分でおいしいものを作る作業は、一種の化学実験になってしまう。一方でエリクソンの母が作るクッキーはおいしかったが、バターと砂糖をたっぷり使った健康的とは言えない代物だったし、常温保存にも向いてなかった。とはいえ少なくとも、本物の食品としての出発点になるのはクッキーのレシピのほうだ。バターをやめて、ライスシロップを使い、オーツやドライフルーツを加えてしっとり感と舌触りのよさを出す。途中で高価なスタンドミキサーを何台も壊してしまった。半年経って、ようやく仲間に試食させたいと思える食品が完成したが、まずは商売として成り立つ製造法を見つけなければならない。自分が経営しているベーカリーでは規模が小さすぎた。そこで、カーリズ・スイーツ&サイヴォリーズの共同経営者だったリサ・トーマス――のちに、彼女に事業の株式五〇%を譲渡する――と協力して、対応できる製造業者を探し出し、契約を結ぶ。しかし実家のキッチンで苦戦したのと同様に、クッキーよりも生地が厚いせいで、巨大な業務用ミキサーのモーターがいくつも焼きついてしまうなど、製造は難航した。そうして何とか作った完成品を、当初は無地の茶色い紙にくるみ、自転車旅行のたびに何十個も持参して、友人に配って感想を聞いた。息子の創造性と母親の製菓技術、そして多くの仲間のアドバイスのおかげで、最終的なレシピが固まったのである。

当時考えていた商品名は「シナジーバー」。完成に向けての最終ステップは、パッケージのデザインだ。そこで、以前にカーリズ・スイーツ&サイヴォリーズのロゴ制作を頼んだ、アヴォセットの同僚でもあるダグ・ギルモアの力を借りることにした。二人でカフェに居座り、エリクソンが商品の説明をする。ギルモアはそれを聞きながら紙ナプキンの裏にスケッチを描き、岩肌を登る登山家のイラストと、「ゲイリー・バー」という名前を提案した。エリクソンはそのパッケージデザインを気に入った。自分の名を冠した商品名には消極的だったのだが、友人の説得に押し切られた。ところが、数カ月後に最終的なパッケージデザインが完成し、最後にトレードマークを決める段階になって、「ゲイリーズ・オール・ナチュラル・ピーナッツ」という他社商品の権利侵害の可能性があることを知る。エリクソンは先方に手紙を書いたが、すぐに、変更しないなら訴えるという回答が返ってきた。名前を変えなければならない。完成品のお披露目を予定していた見本市の数日前になって、父の名前にちなんだ「クリフ」という商品名を思いついた。商品パッケージには、崖《クリフ》を登る登山家のイラストが描かれていたが、父にあやかろうとはそのときまで思い浮かばなかったという。しかし、この名前をつけたことによって、商品に物語が生まれた。現在、この「クリフバー」のパッケージ裏側には、次のような文章が印刷されている。

クリフバーという名前は、私の父、クリフォードにちなんでつけられました。父は子供時代の私にとってヒーローであると同時に、シエラ・ネバダの山々をともに登った仲間でもあります。

一九九〇年の私は、犬と一緒にガレージを家がわりにして、スキー道具や登山用具、自転車、二台のトランペットに囲まれて暮らしていました。親友のジェイとともに自転車で一日がかりの一七五マイル走行にチャレンジしていたとき、栄養補助食品を作ろうというアイディアがひらめいたのです。その日はずっと他社のエネルギーバーをかじっていたのですが、突然、空腹だったにもかかわらず、もう一口も食べられなくなりました。そして、「僕なら、これよりもっとおいしいエネルギーバーを作れる！」と考えたのです。あの瞬間のことを、今の私は「啓示的瞬間」と呼んでいます。

母親のキッチンで永遠かと思うほどの試行錯誤を経て、二年後、クリフバーが完成しました。おいしい栄養補助食品を作ろうというミッションがついに実現したのです。母さん、ありがとう!

クリフバー社オーナー　ゲイリー

クリフバーのネーミングをめぐるエピソードの誕生には、非常に見事な偶然が作用している。当初は社名として使われていただけで、商品名ではなかったのだが、エリクソンはその名前が内包する真実を掘り出した。父が教えた教訓は何だったか。父がどんなふうに自然の素晴らしさを教えてくれたか。エリクソンは、商品の裏側でそうしたネーミングの由来を説明した。読み手がすんなりと受け入れるエピソード——すなわち、成功した企業家が父のおかげで商品を開発できたと感謝している、という「物語」を描き出したのである。パッケージデザインが醸し出す手作り感もあいまって、この栄養補助食品を単なる普通のスナック菓子とは違う、特別なものと感じさせている。

自転車用品店は、たしかにそのメッセージを受けとめた。一九九一年九月に開催された自転車をテーマとする見本市で初披露したのだが、それ以前に何度も仲間たちに試作品を食べさせていたため、すでに噂は広まっていた。自転車用品店の関心もきわめて高く、一〇〇〇店以上から商品を販売したい旨の申し出があった。ただし、寄せられるフィードバックの大半が、ロゴの変更を提案していた。登山家ではなく、自転車レーサーのイラストに変えるべきだというのだ。しかし、エリクソンはその提案は受け入れなかった。成功するためには、自転車という一種類のスポーツの枠に収めてしまわないほうがいい。それに登山家のイラストは、彼が商品にこめた「志」を象徴するものだからだ。

かくして、一九九二年二月から正式に出荷を開始。一年間で、それまでに販売したクッキーやギリシャ菓子をすべて合わせたよりも多くのクリフバーを売った。売上総額は七十万ドルに到達した。二年目の一九九三年に一二〇万ドル、一九九四年には二五〇万ドルまで跳ね上がった。同じものを五個食べたあとでも、まだ食べたくなるようなエネルギーバーを作りたい――その一心で行動を起こしたゲイリー・エリクソンは、まさに大ヒットをつかんだのである。

＊＊＊

緑の丘陵地帯に鎮座する無粋な石油貯蔵施設と石油精製所を横目に、USハイウェイ80号を北へ向かうと、やがて車はカーキーネス海峡をまたぐ橋を渡ってカリフォルニア州ソラノ郡に入る。そこからハイウェイを下りてルート29へと進み、だだっぴろいヴァレーホの田園風景を数マイルほど走ると、国内最高のワイン生産地であるナパヴァレーが見えてきた。景色がゆっくり流れるようになり、道の両側に次々とブドウ畑が登場する。通り過ぎる左右の畑に規則正しく並んだブドウが、春を迎えて芽を出しているのがわかった。

ようやく私の目的地、セントヘレナに到着した。道路を外れた奥まった場所にスパリゾートがあり、向こうに近代的なオフィスビルが隠れている。その二階、クリフバー・ファミリー・ワイナリー&ファームのオフィスに足を踏み入れると、ゲイリー・エリクソンが固い握手で私を迎えてくれた。五十歳になるエリクソンは、強い意志を秘めた青い目と、広い額の内側で忙しく回転する頭脳の持ち主だ。そのエネルギーには限界がないらしく、レストランへ案内する彼を私は小走りで追いかけなければならなかった。カジュアルかつ上品なイタリアン・レストランで、エリクソンの妻のキットと三人で昼食を囲む。キットは魅力あふれる小柄な女性で、茶色い巻き髪とそばかすが印象的だ。そして、夫と同じくまっすぐで、わざとらしさの微塵も感じられない振る舞いをする。屋外のテーブルでカリフォルニアの完璧な春の気候を堪能しながら、私は、エリクソンがクリフバーを立ち上げるに至った道のりに改めて強い興味を抱いた。仮に彼が企業家として成功する前に出会っていたとしたら、とてもではないがこの人物をビジネスマンだとは思えなかったに違いない。ある意味では現在でさえ、まったくビジネスマンらしからぬ男なのだ。

クリフバーを作った頃のエリクソンは、友人の家のガレージを住まいにしていた。当時を振り返って彼は「ガレージに住んでたときはすごく楽しかった」と語っている。

「自転車レースに明け暮れていた。その日暮らしの生活でね。週末は一九七六年製のダットサン510でドライブして、ヨセミテにロッククライミングをしに行ったり、友人と遊んだりしていた。そういった生活は何一つ変わらなかったよ。金儲けのためにクリフバーを始めたわけではなかったからね。クリフバーを始めた理由は、友人や自分自身のために、もっとおいしいエネルギーバーを作りたかったからなんだ」

彼はまさしく、〈アクシデンタルな企業家〉の理想的な例だったのである。

そしてエリクソンは理想的なアウトドア愛好家でもあった。カリフォルニア州フリーモントで育ち、早くからスポーツ用品店でアルバイトをしていた。同州サンルイス・オビスポにあるカリフォルニア工科専門学校で学位を取得。当時からアウトドアに夢中で、特に登山と自転車にのめり込むようになった。卒業から一年間は、単発的な仕事でアウトドアへの情熱を支える費用を稼いで過ごしている。その後はスキー用品店で勤務するかたわら、夏は登山ガイドとして働いた。卒業から三年経つ頃には世界を一周できるだけの小銭が貯まった。オーストリアのアルプスでスキーをし、フィレンツェに行って飛び込みでホームステイ先を探し、バックパックをかついでフランスをめぐり、祖母が生まれたギリシャの村にも足を伸ばした。それから南へ向かい、中東、インド、ネパールを訪れ、ヒマラヤ山脈でのトレッキングと登山も体験した。

帰国直後は、普通の生活を再開しなければならないことがいやで仕方なかったという。数カ月間は駐車場の係員をしながら進むべき道を模索していたが、一九八三年の春に、兄から工場の仕事を紹介される。兄は鋳物業を経営しており、自転車付属品メーカーのアヴォセットから出資を受けて、高級なレース用サドルや一般用の乗り心地のいいサドルを作ることになっていた。エリクソンは兄の申し出を受けて工場の床掃除の仕事を始めたが、二週間もしないうちに新工場長として雇われた人物がクビになり、巨大な空っぽの倉庫と、サドル製造に必要な器具が残る製造工場は兄に任されてしまう。工場は慢性的に出荷が遅れており、掃除係のエリクソンもサドル生産のスピードアップに協力しなければならなくなった。それから半年間、兄弟二人が毎日十五時間も働いて、何とか納期に間に合わせていた。エリクソンは必要に迫られて製造装置の使い方を学びはじめ、自分は機械に強いと気づいた。八カ月後には兄が本業である鋳物事業に戻り、弟のエリクソンが工場長に昇進する。一年も経たないうちに、床掃除から、五十人の従業員を束ねる立場へと転身を遂げたのである。

その後、当時はまだ珍しい女性用の自転車サドルを設計。設計と材料工学に自信をつけたエリクソンは、独自のイノベーションに取り組みはじめた。ゲル素材なら座った人間に即座にフィットして形状が変わるし、衝撃吸収性もある。自転車のサドルには理想的だと思えたが、残念ながらその素材は扱いにくいことで有名で、サドルに応用できないと考えられていた。それでもエリクソンはあきらめず、ゲル素材の利用を可能にする製造技術を開発する。アヴォセットは彼の設計をもとにサドル製造を開始し、これが大当たりした。エリクソンはＣＡＤ／ＣＡＭ（設計支援システム）という新技術を学んで二作目を開発。誕生したサドル「０２」は、のちにニューヨーク近代美術館（ＭＯＭＡ）に展示された。

エリクソンはアヴォセットで八年にわたり勤務したが、そこで落ち着いてしまったわけではなかった。在職中に、クリフバー成功の布石となる重要な取り組みに着手している。その一つが自転車レースへの参加だ。アヴォセットでの仕事を通じて、自転車に対する知識と関心が高まったのだ。すでに何年も前からサイクリングを楽しんでいたし、一九八五年には十六回もトライアスロンを完走した経験があったが、翌年のレースでは優勝を目指して本格的な参加を決意し、それまでとはまったく異なる上級アスリートの世界へと足を踏み入れた。のちにクリフバーの四人目の社員となった自転車仲間のポール・マッケンジーは――クリフバーが後援するプロの女性サイクリングチーム「ルナ・プロ・チーム」の監督を務めている――こう語っている。

「ゲイリーが本格的に始めたのは少し遅くて、三十代の前半だった。出会ったときの彼は有望な自転車レーサーで、プロを目指しているんだと思った。カテゴリー2といって、非常に高いレーティングだったからね。強い選手で才能があると評判だった。アヴォセットは業界では有名だから、そこで働いているという点でも知られていた。いつも新しいサドルを持って登場しては、周囲の感想を求めていたよ」

エリクソンはレースを通して、熱心なファン基盤を持つ巨大な業界に当事者として理解を深めるとともに、革新者としての評判も獲得していったのである。

この時期に着手した二つ目のチャレンジが、カーリズ・スイーツ＆サイヴォリーズの立ち上げだった。エリクソンの初めての起業だ。祖母のキッチンで思いついたアイディアだったので、社名も祖母の名前にちなんで決めた。エリクソンは幼い頃からヨハスという名のギリシャの焼き菓子に親しんでいた。自転車レースを本格的に始めたのとほぼ同時期に、そうした焼き菓子を小売店に卸す事業を始めようと決断する。母の手を借りて、商品として販売できるさまざまなレシピや、多彩な具の詰まったパンも考案した。そして、友人のリサ・トーマスを事業に引き入れた。エリクソンにはフルタイムの仕事があったし――アヴォセットで勤めた八年間のうち、彼は一日も製造作業を休まなかった――自分一人では運営していけないとよくわかっていたからだ。だが、事業の滑り出しは思わしくなかった。一年半後の売上はわずか二万ドル。赤字を計上し、閉店を検討した。実務的な業務を引き受けていたリサ・トーマスは、自分をカーリズの正式な共同経営者とするよう求め、エリクソンはそれを了承した。その時点から事業は成長を始め、クリフバー製造を始める頃には、商品数を増やしたカーリズの売上高は二十万ドルに届いていた。だが、相変わらず利益は出ていなかった。

今、ゲイリー・エリクソンとその妻キットを目の前に座っていると、二人のはちきれんばかりの活力を改めて感じる。この夫婦には見間違いようのない魅力、こちらまで元気づけられるようなカリスマ性が備わっている。どちらも身体を乗り出し、身振り手振りも交えて雄弁に語る。事業について話す口調には熱がこもっている。新婚ほやほやのような輝きがあったので、私は最初、この二人がもう十年以上も連れ添っているとは信じられないと思ったくらいだ。それから会話を続けるにつれ、二人がそれほど前から一緒にいるわけではないと知って再び驚いた。

実は、この夫婦のなれそめはクリフバーの誕生以上に奇跡的なものだった。出会ったのはエリクソンが十八歳のときだったが、キットのほうは憶えていないという。その後、エリザという共通の友人を介して、大学で再会する。「すぐにピンと来るものがあったんだが、僕はそれを無視しようとしていた。彼女にはボーイフレンドがいたからね」とエリクソンは語っている。数年後、エリクソンとキットとエリザが一緒に登山旅行に出かける機会があった。登山するキットの姿を見て、エリクソンは完全に心を奪われてしまったという。

「ダンスをやっていたから、岩肌の上でもバレエをしているようだった」

しかし彼女には婚約者がおり、エリクソンは自らの気持ちを抑えた。その後、キットが婚約を解消したときも、そして新しい恋人ができて結婚したときも、エリクソンは気持ちを打ち明けなかった。十四年にわたって友情を守ったが、キットが離婚し、二人の子供を抱えて困っていた際にエリクソンが支えになったことをきっかけに、ついに結婚することになったのだという。

この話を聞いた私は、ランチを終えて帰路につくときにも、思い出しては微笑を浮かべずにいられなかった。ゲイリー・エリクソンは、欲しいものや守りたいものが手に入るまで、ずっと見失わず、ひたむきに思いつづける男なのだ。妻となる女性を待ちつづけた忍耐強さは、会社を守るために彼がリスクを厭わなかった点にも現れている。

最大の危機は二〇〇〇年四月十七日に訪れた。エリクソンが自社を売却しようとした日である。エリクソンにとっては本当に重要な瞬間となったため、自叙伝『Raising the bar（ライジング・ザ・バー）』も、クリフバーのアイディアを思いついたときの「啓示的瞬間」ではなく、企業売却にまつわるエピソードから始まっているほどだ。その本で彼は、六〇〇〇万ドルが手に入るチャンスを捨てた決断について語っている。

クリフバーにとって、一九九〇年代は好調な時期だった。エネルギーバーと総称される機能性食品の市場に進出した一九九二年の段階では、競合他社はパワーバー一社のみ。クリフバーの創業とほぼ時を同じくしてバランスバーが登場し、急成長を続ける市場において、三社とも堅調な業績をあげた。クリフバーの売上高は一九九二年の七十万ドルから、一九九八年には三〇〇〇万ドルまで伸びた。ところが意外なことに、共同経営者のリサ・トーマスが同年に退職したいと告げてきたのである。保有株式を売却するか、エリクソンに買い取ってほしいという。エリクソンの引きとめを受けて、トーマスは一カ月の休暇をとり、旅行先で心を決めることにした。戻ってきた彼女にエリクソンは、クリフバーの単独CEOの座を提示（創業以来、二人でCEOを務めてきた）。彼女はその提案を受け入れた。

しかし、トーマスが単独CEOになったことで、会社は困難な時期を迎えた。クリフバーに漂う企業文化はエリクソンの個性、信念、希望を拡大したものだったからだ。ある従業員は私の取材に対し、「ゲイリーが会社の魂でした」と語っている。

「つねに彼からひらめきが生まれていたんです。ところが突然、融通がきかなくなり、自分たちで判断を下せなくなってしまいました」

離職者も多かったという。

「みんな突然辞めていきました。望んで辞めるわけではない場合もありました」

エリクソンがCEOの座を退く前は密接に連携をとって働いていたという従業員は、次のように話している。

「本当は、リサのことを悪く言いたくないんですよ。でも、彼女のために、それまでと同じような意欲を持って働きたいという気持ちにはなれなかった。前のように楽しめなかったんです」

実際、トーマスはエリクソンほど決断力がなく、判断に時間がかかった。事業に対する知識は豊富だったし、クリフバーのビジョンをしっかりと理解していたが、いくら当初からエリクソンと組んでやってきたとは言っても、クリフバーは真の意味で彼女のビジネスではなかったのだ。年配の従業員は「リサは内向的な人だった」と語り、CEOの役割には適していなかったと述べている。

一方で、日々の責務から解放されたエリクソンは、新商品開発プロジェクトに労力を注ぎはじめた。旗艦商品であるクリフバーにさまざまなフレーバーを増やしたほか、上級アスリートが摂取しやすいゼリー状の「クリフショット」の発売にも成功したが、成長を維持するにはさらなる新商品が必要だ。寄せられていた苦情の一つとして、クリフバーは女性向きではないという意見があった。カロリーが高すぎるし、カルシウムや鉄分や葉酸をあまり摂取できない。エリクソンは試作チームに参加し、三日間の試行錯誤を経て、四種類のレシピを開発した（先に紹介したクリフバーの四人目の社員、ポール・マッケンジーは、もっとはっきりと表現している――いわく、「ゲイリーは基本的にベーカリーに入り浸りで、丁寧ながら断固として皆を押しのけ、自分だけで商品を開発した」）。消費者テストも行って改良を重ね、最終的に新ブランド「ルナバー」を完成させる。味の種類はナッツ・オーバー・チョコレート、レモン・ゼスト、トースト・ナッツ＆クランベリー、チョコレート・ピーカンパイの四種類だ。

ルナ・シリーズに対しては懐疑的な声も多かった。そもそもクリフバーという商品はサイクリストや登山家といった熱心かつ真剣なアスリートを対象としており、市場が限られた商品だ。その上、今度は女性だけを対象にした商品なのだから、あまりに範囲が狭すぎる。ナショナル・パブリック・ラジオでもそのように紹介されたし、あるアナリストは「どうしてわざわざ市場の半分を捨てるのか」と嘆いてみせた。しかしエリクソンは、今回も自分の直感を信じて発売に踏み切った。これこそ理想的な形での〈アクシデンタル・ブランド〉だ。エリクソンは、成功するには特定の層のニーズに絶妙にマッチする商品を生み出す必要がある、と直感的に理解していた。誰にでもそれなりに受け入れられる商品ではダメなのだ。失敗は恐れていなかった。大規模な広告宣伝費をかけず、たとえ失敗してもイノベーションを生み出しつづけられるレベルにまで立ち上げコストを削減した。

ルナ担当チームの予測によれば、売上一五〇万ドルの堅調なスタートを切れるはずだ。ところが、ふたを開けてみれば一〇〇〇万ドルを売り上げ、追加生産が必要なほどだったのである。ルナは最終的にクリフバーよりもビッグなブランドになった。

しかし、エリクソンが会社経営をトーマスに譲った時点から、基盤事業の成長は止まっていた。ルナ・シリーズの売上を除けば、一九九九年の収益は初の前年割れになったほどだ。エリクソンはクリフバーにとって最善と信じた道に献身的に取り組み、ルナの開発に情熱を注いでいたとはいえ、この頃は会社から距離を置いていた。ゴルフを始め、業務上の判断からはあえて退いて、トーマスが音頭を取れるようにしていた。だが業界の競争が厳しさを増し、トーマスからも社外からも、事業の成長を支えるには他社の助けが必要だと提案されるようになる。実際、一九九九年にはスナック菓子メーカーのマーズ社から、クリフバー株の一部を買い取りたいというオファーを受けている。さらに五年かけて残りの株式も買い上げるという条件つきだ。エリクソンは、この条件を検討すると回答した。

ちょうどその頃、業界を事実上固定するような二つの大きな吸収合併が決まった。クラフトがバランスバーを、次いでネスレがパワーバーを買収したのだ。突如としてクリフバーは、同規模の競合他社ではなく、潤沢な資金を持ったフォーチュン100の企業と競わなければならないという恐ろしい事態に陥った。ビジネスアドバイザーの予測は絶望的で、このままでは赤字を出し、資本金を食い潰すと見られた。他社からの財政的支援が得られるかどうかで命運が分かれる。二〇〇〇年一月に、エリクソンとトーマスは、クリフバーの売却を合意した。売却金額は破格の一億二〇〇〇万ドル。クリフバーの一九九九年の収益の三倍以上だ。エリクソンは半分の六〇〇〇万ドルを受け取って身を引くことになっていた。

エリクソンとトーマスがクリフバーの売却へ向けて本格的に動き出したことにより、それから三カ月ほど、業務はほとんど停止状態になった。「いきなりスーツ姿が目立つようになったんです」と、一人の従業員は説明している。

「おかしなことでした。クリフバーでは文字どおり誰一人、スーツなんか着たことがありませんでしたからね」

クラフトとネスレに「握り潰されてしまう」のを回避するには身売りするしかない、というメッセージは従業員にも伝わった。エリクソンらは従業員の身の振り方を確保しようとしたが、保証できる余地はほとんどなかった。

二月、トーマスとエリクソンは全社会議を開き、クリフバーの売却を正式に発表。現在も同社に勤めている従業員は、誰もがこの瞬間のことを、ニクソンが大統領職を辞任した日のようにありありと憶えているという。当時、入社二年目だったケイト・トーガソンという社員は、「ゲイリーは輪の中心に座っていましたが、明らかに平静ではありませんでした」と語っている。

「会社を売ることになった、と彼は言いましたが、その声は震えていました。私は、自分は放り出されるんだと感じました。正面から殴りつけられたような感じでした」

実のところエリクソンは、会社や社員の運命を本当の意味で理解できてはいなかった。乳児向け用品のベイビー・アインシュタインの創業者、ジュリー・クラークは、売却交渉の体験について次のように語っている。

「最初は、『御社の事業は素晴らしいと思います。ぜひ今後も続けていっていただきたいと思います』と言われます。ところが時間が経つにつれ、少しずつ変わってきます。お金の話ばかりが進み、契約する瞬間に、自分は何一つ決定権を持てなくなることに気づかされるのです」

エリクソンが体験したのも、これとまったく同じ状況だったようだ。契約の日になるまで、本人は真の意味で状況を実感できていなかった。むしろ周囲のほうがはっきりと気持ちを表現していた。話を聞かされたとき、妻のキットは、夫にとって心の半分を失うようなものであることを本能的に理解し、泣き出した。友人たちは全員、クリフバーは競争していけないという考えを否定し、「業界で最高の商品を作っているんだ、競っていける」と主張した。エリクソンの父でさえショックを受けていた。契約締結の予定時刻が近づくにつれ、プレッシャーは耐えがたいほどのものになり、エリクソンは心を落ち着かせようと散歩に出た。そして歩いている途中で、自分が会社を売りたくないと思っていることを痛感したのだ。売りたくない。そして売る必要もない。ネスレとクラフトとの闘いで多くを失うとしても、ガレージに住んで起業した頃に比べれば、失うどころか増えているとさえ言えるはずだ。オフィスに戻ったエリクソンは、トーマスに、銀行の担当者に帰ってもらうよう言った。

当然ながらトーマスは悲しんだ。何しろ売却をまとめるために何カ月も努力してきたのだ。疲れきっていたし、老後の保証が欲しかった。そこで最初は、自分にクリフバーに残ってほしいなら一〇〇〇万ドルを退職後の生活費として振り込んでほしい、と主張した。しかし数日後には考えを変えて、自分はCEOを辞職し、会社はエリクソンが引き継ぐ旨のメールを送ってきた。それから一週間ほど会社を離れて検討し、自分の保有する株式を買い取るようエリクソンに求めた。エリクソンは、一部を現金で、一部を不動産で支払うと交渉したが、トーマスはそれを受け入れず、株を買い取らないなら事業を解散すると脅してきたのである。弁護士を交えた七カ月に及ぶ交渉の末、エリクソンが五年かけてトーマスに六二〇〇万ドルを支払うことで決着した。クリフバーの前年の収益を上回る金額だ。支払うには奇跡が必要だったが、エリクソンはそれをやり遂げた。

＊＊＊

二度目の面会場所はエリクソンの自宅だった。オフィスでエリクソンと落ち合い、そこから車を走らせる。前回の私を出迎えた春先ならではの冷え込みは消え去り、気温は三十度を超えていた。夫婦が住むのはナパヴァレーの丘陵地帯だ。迷路のような田舎道を走り抜け、道路が上り坂になってきたところでハンドルを切り、常緑樹と落葉樹が入り混じる森に入る。長く曲がりくねった道の終点に、エリクソンの所有する敷地があった。

長い砂利道に沿って、家が二軒。夫婦が住んでいるのは、おそらく五十坪あまりの驚くほどこぢんまりした二階建ての家だ。キッチンのすぐ目の前にあるポーチからはナパヴァレーの素晴らしい眺めが見られるし、庭には立派なバーベキューグリルが置いてある。だが、クリフバーの管理職の社員たちのほうが、ここよりももっと大きくて豪華な家に住んでいるのではないかと思われた。

もう一軒の家のほうは、まだ建設中だ。厚い壁、太陽光パネル、エコフレンドリーな建築素材を使った環境に優しい家で、自然の中の簡素な暮らしを楽しむことができる。今の住まいよりも大きく、余分な部屋もあるので、客を泊めたり、友人や家族に使わせたりといった用途にも使える。エリクソンはこの家の建築作業に積極的に手を貸しており、案内しながら作業や素材について詳しく説明した。作業は遅々として進んでいないが、彼がクリフバー・インクとクリフバー・ファミリー・ワイナリー&ファーム、そしてクリフバー・ファミリー基金を運営していることを考えれば、無理からぬ話だった。

この敷地は、隣接する土地が売りに出されるたびに買い取って広げていったものなので、全体としてはかなり広い。エリクソンはゴルフカートのような車で、敷地内の見所を案内してくれた。カートも、夫婦それぞれの車も、燃料はバイオディーゼルだ。敷地内には燃えてしまった家の跡地もある。所有者が再建をあきらめたので、夫婦が買い取った。その土台部分をちょっとしたパーティスペースに作り直してあり、まもなくそこで友人が結婚式を挙げるという。そばのプールは、火事の被害にも遭わずきれいに残っている。

エリクソンは、今もかなり真剣にサイクリングをする。私が訪れた日の数日前にも、一〇〇キロ弱のロードレースを完走したばかりだった。この土地ならいくらでも走り回ることができるし、マウンテンバイクでトレイル・ライドもできる。

敷地の見学が終わって戻ってくると、納屋でその他の同居人たちを紹介された。まずは馬。キットが「乗馬用の馬なんですが、私たちはほとんど乗らないんです。馬たちが牧場を自由に駆け回って過ごせるように」と説明した。馬の次に登場したのはニワトリだ。ここのニワトリたちは有機飼料で育てられていて、エリクソン夫婦はその卵と鶏肉を味わう。家畜だけではなく果樹も育てているし、畑では数々の野菜を栽培し、食用として七面鳥も飼っている。小型のヤギも何頭かいたが、馬と同様にペットとして飼われているだけだった。忙しい二人にはすべての世話はできないので、管理人を雇っている。その他の物事に対する姿勢と同じように、畑と家畜の世話について厳しく細かい指示を出してはいるが、それでもここが労働環境だとは信じられないほどの牧歌的な雰囲気が漂っていた。

それからエリクソンと私とでポーチで腰を降ろし、冷たい飲み物を飲みながら、手作りのチーズを味わった。足元の庭でうろうろする二匹の犬は、片方がオーストラリアン・シェパードで名前はヴィゴ、もう片方がノーウィッチテリアで名前がスパーキーだ。犬たちの様子を眺める私の横で、エリクソンは、クリフバーの売却を取りやめて再び経営に携わりはじめた最初の数日間のことを語った。

「自分が〔CEOに〕戻って、再び責任を担っていくつもりだと話した。社員たちはOKと言ってくれたので、それを言葉どおりに受け取った。あとになって、実は私がいつあきらめるか、賭けが行われていたと知ったよ。社員たちは、単なる衝動的な決断だと思っていた。どうせ儲かったらまた考えを変えるんだろう、と。一人は、『それなりの数字が出れば、どうせ離れていくんでしょう』と言った。二年経っても私たち夫婦が去っていなかったので、彼は考えを変えたよ」

クリフバーでは、エリクソンの復帰に対して二通りの反応があった。二年以上前から勤めていて、エリクソンを個人的に知っている古参の従業員は、胸をなでおろした。彼らはクリフバーを辞めたくなかったが、別のオーナーのもとで働きたくもなかったからだ。私が話を聞いた数人のスタッフも、リサ・トーマスが率いていた時代のクリフバーは別の会社のようだった、と語っている。だが、彼らにも疑問がないわけではなかった。ネスレとクラフトに潰されるのを避けるには買収されるしかない、とエリクソンは語った。そのセリフを信じたのに、当のエリクソンが、クリフバーは独立した企業としてやっていけると主張する。従業員たちは混乱した。

一方、リサ・トーマスが単独CEOとして経営していた時期しか知らないメンバーの感じた不審の念は、もっと大きかった。「この人は誰なんだ?と思ったんです。彼のことはまるで知りませんでしたから」と一人は話している。彼らはエリクソンを行動で判断するしかなかったが、ある意味ではそのほうが容易なことだった。そもそも一度は会社を離れ、売却しようとしたせいで生じた関係性のひびを修復する必要がなかったからだ。

「彼が戻ってくると聞いても、それが何を意味するのかわかりませんでした。他の人から『ゲイリーはこの会社にとって重要な人物だ』と聞かされても、最初のうちはそれが理解できませんでした」

社内の士気以上に深刻だったのは、業務上の問題だ。エリクソンが開発したルナ・ブランドは、成功していたにもかかわらず、ほぼ一年分の在庫が倉庫に保管されていた。貯蔵寿命は十一カ月の商品なのに、である。トーマスは一九九九年から業務を外注していたので、作業システムには亀裂が広がっていた。品質は低下し、ブランドを損ないかねない状態だった。

エリクソンはまず、人的な問題から対処していくことにした。毎週木曜日に全社会議を開いて六十五人の従業員全員を集め、現状についてすべて正直に説明した。売却交渉期間中に出回ったさまざまな噂話は、数週間も経たないうちに鎮火していった。次にグループごとに話し合いの場を持ち、仕事をやりにくくしている原因を探った。ある従業員は、「リサのもとでは、それほど稼げませんでした」と振り返っている。

「解決しなければならない問題が色々とあったんです。ゲイリーは、アシスタントやコーディネーターレベルの社員全員と話し合って、必要な改善点を尋ねました。私たちが、『歯科・眼科をカバーする医療保険が必要です』と言うと、彼は即座に対応してくれたんです。そのことについて深い敬意を抱いています」

エリクソンが戻ってからのクリフバーでは、変革のペースも変わってきたという。

「物事が迅速に片づいていきました。間違いがあっても、長期間放置されなくなりましたし、以前のようにガチガチに縛られなくなりました。アイディアが生まれやすい環境になったと感じましたよ。物事が停滞した環境にいると、人間はそれに慣れてしまうもんなんです。『これをやろう』と言われても、反射的に『そんなことはできるものか』と言ってしまうんです。相手がCEOだと気づけば、別ですけど」

イノベーションが生まれる文化を再構築することが、エリクソンの主たる目標の一つだった。ある古参の社員は「ゲイリーは、創造的だった私たちを取り戻してくれた」と語っている。大手の競合他社との闘いで生き延びていく唯一の方法は、相手よりも速くイノベーションを生んでいくことだ。大胆な行動に出るためには、組織としてのキャパシティを再開発していく必要があった。

さらにエリクソンは企業文化の立て直しにも熱心に取り組んだ。通信販売ビジネスのジョン・ピーターマンと同じく、会社の原型は家族であると考えていた。さまざまな活動を通じて皆の結束を強め、経営再建に努めた。勤務実績や経験の優遇も増やした。先にも登場したケイト・トーガソンという従業員は、この頃の社風について次のようにコメントしている。

「私が初めて参加した会社のパーティのときのことです。室内に入ると、ゲイリーのお母さんがお皿いっぱいに手作りのおつまみを持っていて、出席者を一人ひとり出迎えていました。そういう感じの会社だったんです」

こうした努力は目を見張るほどの成果をもたらした。二〇〇二年の収益額は一億ドルを超え、その後の五年間でさらに倍になった。ルナ・ブランドの継続的なヒットもその成長を支えたが、ビジネス基盤の改善によるところも大きかった。二〇〇四年、黒字転換に安心感を覚えたエリクソンは、シェリル・オローリンという社員をCEOに昇格させ、業務の統括を任せることにした。自分はオローリンを支える立場にとどまり、会社の方向性を制御していきたいと考えたのである。

＊＊＊

キットがポーチに顔を出し、夕食の時間だと知らせた。私がサラダの準備を手伝い、エリクソンが庭でサーモンを焼く。夫婦は現在、クリフバーの株式の一〇〇％を保有している。債務がないわけではないが、それを含めても、五億ドルを超える純資産を持っているはずだ。それなのにマンハッタンにある私の家の台所よりも、ここのほうが小さくシンプルであることに気づき、なんだか気恥ずかしく思った。この夫婦ははっきりとした優先順位を持っており、決して左団扇の生活をするタイプではないのだ。

ディナーの席に着いた頃には、太陽が地平線の向こうに沈みかけていた。私たちは谷間が美しいバラ色に染まる夕焼けを堪能した。目に入る木々について尋ねると、キットが一つひとつ名前を挙げて説明する。食事をしながら、夫婦はクリフバーの新しい本社について語った。現在のオフィスは創業地バークレーの質素な建物に入っているが、もうすぐ工事が始まる新オフィスはカリフォルニア州アラメダのベイエリアにある立派な建物で、カリフォルニア料理で有名なレストラン「シェ・パニーズ」の元支配人が経営するレストランと、従業員用の託児所、劇場まで隣接している。建築物のエネルギーと設計に関する環境基準LEEDの認定を受けるべく、屋上を緑化し、使用エネルギーを自家発電する予定だ。現在のプランでは、緑の映える屋上にレストランとロウン・ボウリング［芝生の上で遊ぶボウリングの一種］のコートを作ることになっている。

新社屋への移転は二〇〇九年を予定している。その一方で社内では、私の二度の訪問のあいだに、移転とは別の大きな変化が起きていた。シェリル・オローリンがCEOの座を降りて、エリクソン夫婦が経営を預かるようになったのだ。最初に訪問した時点で私は、彼らがいずれそう決断するのではないかと感じていた。エリクソン自身が、社の将来に対してもっと直接的にかかわっていきたいという希望を示していたからだ。交代によって夫婦は共同CEOとなる。まさに公私共のパートナーシップと言えるかもしれない。

だが、〈アクシデンタル・ブランド〉にとって、この動向は根本的な障害となりかねない。エリクソンは過去に二度もクリフバーのCEOから退いている。そのときどきの状況に応じた決断だったとはいえ、そもそもエリクソンには自転車レーサー、登山家、旅行家として生きていた過去の生活への本能的な渇望があり、それが二度の退陣を決意させたのではないだろうか。企業経営――特に、現在のクリフバーのような規模の会社を経営するというのは、実に過酷な任務だ。すべての時間を投入しなければならない。エリクソンにその意志と意欲があるとしても、彼の興味と活動の範囲は昨今では非常に幅広くなっている。農園の仕事に加え、スポーツと旅行への衝動も抱きつつ、ワイナリーの運営も順調に進めているし、慈善活動にも興味がある。企業経営に全面的に携わりながら、こうした追求を維持していくのは、少々無理があるように思える。

企業家が自社の売却を決める理由は、たいていの場合、自分の手に負えないほど事業が拡大してしまったとか、あるいはそろそろ流した汗の見返りを楽しみたいと思うからだ。エリクソンには経営能力があるし、予定していた売却を取りやめてからも、見事な手腕を発揮して会社を立て直した実績がある。しかし、エリクソンの多岐にわたる関心事と、ビジネスが求める一意専心とは、基本的に相容れないものだ。今後の彼がそれに適切に対応していけるかどうかは、はっきりしていない。

夕暮れが闇夜へと溶け込むなか、私は夫婦に別れを告げて車に乗り込んだ。都会生活者にとって森林のざわめきは驚くほど大きく響く。木々の陰でカーナビの受信が途切れたときには一瞬パニックになってしまったが、すぐにサンフランシスコへと戻る道にたどりついた。自宅に戻るのは遅くなるだろう。だが、ゲイリー・エリクソンが十年以上前に自転車を走らせた距離――クリフバーという王国が築かれる基盤となった道のりに比べれば、ナパヴァレーからサンフランシスコへのドライブは距離にして一〇〇マイル、時間にして八時間も短いのである。

第4章

The Visionary and the Strategist

ビジョナリー・パーソンとストラテジスト

ミリアム・ザオイ & エリック・マルカ

ヒゲ剃り用品ブランド

ジ・アート・オブ・シェービング

The Art of Shaving

カミソリが手前にかたむけられ、まっすぐな一枚刃にほんのわずか光があたってきらめく。私の頭の中の雑念が、その完璧なる刃先と、持ち手を握る手を見つめるうちに、すべて脳裏から消え去っていく。私のものではないその手は、カミソリがこちらの注意を引く最高のツールだということを教えているのかもしれない。今の私が感じているのは、床屋でうっかり一束切り落とされてしまうのを、うたたねしながらも意識のどこかで気づいている感覚とは違う。あるいは、スーツの寸法を取るためにメジャーを股下の微妙な場所に忍び込ませる仕立て屋に向けるような、意識的な監視の視線とも違う。カミソリを手にした男性に対して覚える感情は、それらとはまったく異なる、一種の尊敬だ。母親や、会計士や、あるいはフェラーリに乗る人物に対して感じるような敬意である。

その手の持ち主は、マイアミを拠点とするヒゲ剃り用品メーカー兼理容店、ジ・アート・オブ・シェービングの特別上級理容師《エグゼクティブ・マスター・バーバー》だ。彼は今、同社直営店の看板サービスである「ロイヤル・シェーブ」と名づけられたシェービングを私に施そうとしている。誕生から十二年目になるジ・アート・オブ・シェービングというブランドは、野心的な目標――アメリカ人男性に正しいヒゲ剃りの方法を教える――を持っている。ヒゲ剃りサービスは何世紀も前から実践されてきた複雑かつ伝統的な儀式だが、ジ・アート・オブ・シェービングはその習慣を、舞台芸術とスパ・トリートメントと技術実習を組み合わせた一つのセレモニーへと昇華した。カミソリの刃を見せるのは、与えられているレッスンに私が確実に注意を向けるようにするための所作だ。

私がジ・アート・オブ・シェービングというブランドの助けを必要とする男の一人であることは、もはや疑いようもなかった。ヒゲ剃りは、現代では失われてしまった技術だ。安全カミソリのおかげで、今は誰でもたいした怪我の心配もせずに刃を顔にあてることができる。そうやってアメリカ中の男性が無自覚に刃をすべらせ、肌をこそぎ落とし、毛根を見境もなく埋没させている。だが、マイアミの高級ショッピングモールにあるジ・アート・オブ・シェービングの威厳にあふれた店舗で、鏡に映る我が姿を注視してみると、これまでいかに自分の肌をないがしろにしてきたことか、まざまざと思い知った。上級理容師の手が、それをはっきりと指摘したのだ。肌のでこぼこは大人のニキビではなく、きちんと剃られずに陥入した毛だった。首筋の肌荒れはカミソリ負けだ。説明されるまでカミソリ負けには気づいてもいなかった。まるでこれまでの自分が、今日の理容師の仕事をやりにくくするために、無意識にでたらめなヒゲ剃りをしてきたかのようではないか。

この〈国家的シェービング・クライシス〉を促したのは、昔ながらの理容師の消滅だった。一九六〇年代と一九七〇年代という時代が、アメリカの理容師を殺したのだ。男たちが長髪をなびかせるようになり、たいていの床屋がカットを拒否した。からまった長髪を切るにはそれまでと異なる技術が求められ、理容師たちはその習得に消極的だった。流行りのむさくるしいヒゲの手入れも、従来の理容の原則と相容れないものだったため、反発した。長髪に対処する技術を学ぶ者はほとんどいなかった。一歩も譲ることなく、良識的な身なりをした客のヒゲや髪だけを切りつづけた。そうした客の数は、年齢を重ねるにつれて減少の一途をたどった。

同時期に、女性を対象とする美容師たちは二つの事実に気づいた。まず、理容師よりも自分たちのほうが、長髪の男性の対応に秀でていること。そして、美容院のほうがヘアケアグッズを売るにも適していることだ。これにより、ヘアスタイリング・ビジネスが理容ビジネスよりもはるかに実入りがよくなった。美容師たちは春を謳歌し、昔ながらの理容師たちは居場所をなくしていった。もちろん今でも古い小さなショッピングモールの片隅などで、理容店を示す回転灯は見かけるだろう。だが店内を覗いてみれば、目に入るのは年配の客に年配の理容師ばかりだ。「失われつつある技術《アート》なので、この店で働く理容師を見つけるのにも大変な骨を折るのです」と、ジ・アート・オブ・シェービングの上級理容師《マスター・バーバー》は嘆いた。

ジ・アート・オブ・シェービングは、一九九六年、その失われた領域へと足を踏み入れた。今でこそ成長を続ける巨大企業（二〇〇七年の小売売上高は三五〇〇万ドル）だが、最初はマンハッタンのアッパー・イーストサイドにある小さな専門店としてスタートした。目標はシンプル。男性に、理想的なシェービングを実現させることだ。当初はヨーロッパから最高級のヒゲ剃り用品を輸入していたが、のちに独自の生産ラインを立ち上げた。だが、狙いは最初から「男性の教育」にある。ジ・アート・オブ・シェービングの基盤となっているシェービングのシステムは、このブランド自身が創り出したのである。マイアミの上級理容師が私に教えてくれたのは、まさにその芸術的技術だった。

手順1　準備

完璧なるシェービングの第一歩は顔の準備である。上級理容師は、これを二つの段階に分けて行う。最初の準備として、まるで布オムツで赤ん坊をくるむように、私の顔に熱いタオルを重ねた。タオルは私の目、耳、口、鼻を覆い、呼吸ができるように鼻のところだけに小さく隙間を空けている。蒸しタオルの効果で毛穴が開き、ヒゲが柔らかくなるのだ。

「ご自宅でも、シャワーを出た直後のタイミングが、ヒゲ剃りにうってつけですよ。同じ効果がありますから」

理容師はそう語る。タオルの熱は心地いいが、目や耳を塞がれるのは快適とは言えない。潜在的な閉所恐怖症が突如として頭をもたげ、初めてＭＲＩ検査を受けたときのことを思い出させた。あのときは、自分が塩サバになって缶詰に入り、そこを誰かに石で無理やりこじ開けられそうになっている気がしたものだ。鼻孔から深く呼吸をして気持ちを落ち着け、蒸しタオルの湿ったあたたかさを堪能しようと意識する。しばらくして上級理容師はタオルを取り除き、悪性のできものを調べる皮膚科医のように、両手で私の頬と首を包んだ。

「こうやってヒゲの様子を手で確かめるのです。お客様の肌が、どういった種類のプレシェーブ・オイルを必要としているか調べます」

そうして判断したオイルを塗布するのが、ヒゲ剃り準備の第二段階だ。ジ・アート・オブ・シェービングは、敏感肌用、乾燥肌用、脂性用、無香料・低刺激性タイプと、四種類のプレシェーブ・オイルを作っている。理容師は、私の肌がやや過敏であると告げ、ラベンダーをわずかに混ぜたオイルで顔をマッサージした。オイルが肌とカミソリのあいだの保護膜になると同時に、ヒゲをさらに柔らかくする。また、多種多様なエッセンシャルオイルを調合したオイルにはアロマテラピーの効果もある。実際のところ、このプレシェーブ・オイルのアイディアから、ジ・アート・オブ・シェービングのビジネスはスタートしたのだ。

ジ・アート・オブ・シェービングの顔になっているのは理容師かもしれないが、ブランド自体は、ミリアム・ザオイの想像力と、夫であるエリック・マルカの企業家的才覚の産物として誕生した。ミリアムはパリから、エリックはモロッコからモントリオール経由で入国した移民だった。私がマイアミで面会したときは、スタイリッシュで自信にあふれたカップルという印象を受けた。二人ともよく日に焼け、髪をきれいに整えている。ミリアムは細面で、黒く流れる巻き毛が、強い意志を秘めた緑の瞳を引き立てている。エリックはこざっぱりと刈り込んだあごヒゲをたくわえ、考え込むときは眉をひそめる癖がある。十年以上も事業構築のために苦労してきたというのに、どちらもさわやかで熱意にあふれていた。それは従業員も同様で、制服を着ていなければ、宗教的なグループのメンバーと言っても通用しそうなほどの熱気だった。

事実、私がこのブランドを調査することになった最初のきっかけも、ジ・アート・オブ・シェービングの従業員の熱意だった。そのときの私はマーケティング関連のカンファレンスに出席するためロサンゼルスに来たものの、洗面道具一式がなく、困っていた。空港の荷物検査と紛失を回避するため、液体入りの道具の多くを持参しなかったからだ。試供品でもあればよかったのだが、出張のタイミングで必要な試供品が揃っていたためしがない。宿泊したホテル内の薬局で、ジ・アート・オブ・シェービングのシェービング・クリームとアフターシェーブ・バームを見つけ、その印象的なパッケージに即座に惹きつけられた。そして数日後にジ・アート・オブ・シェービングの直営店を見つけ、立ち寄ってみることにしたのだ。店は高級化粧品「クリニーク」のカウンターと、英国の理容店をかけあわせたような趣で、漆黒の木で造られた調度品が、光沢のある医療器具にも似た商品パッケージと優雅なコントラストをなしている。上品なディスプレイケースには、ニッケルのめっきを施したアナグマの毛のシェービング・ブラシと、そろいのシェービング・ハンドルが宙に浮く形で美しく飾られている。店内を見回して、平凡なヒゲ剃り用品が新しいステータスへと昇華していることに感銘を受けた。そこに並ぶ品物は単なる日用品ではなく、見る者に欲しいと思わせる欲望の対象へと変化していたのだ。

店員も、また一風変わっていた。ヒゲ剃りに関する知識が豊富で、シェービング・バームを売りつけることよりも、私に正しいヒゲ剃り方法を理解させることのほうに興味があるようだ。店の発祥について尋ねると、店員は二人の創業者について語った。私はすぐに、自分が〈アクシデンタル・ブランド〉を見つけたことに気づいたのだった。

ミリアム・ザオイはエリック・マルカと交際を始めた頃から、ジ・アート・オブ・シェービングの構想を胸に抱いていた。二人が出会ったのは一九九四年の後半、マイアミでのことだ。パリから旅行で訪れていたミリアムは当時まだ十九歳で、ソルボンヌ大学で二年間勉強はしたものの、休学しようかどうか迷っていた。一方、ミリアムより六歳年上のエリックは、三度目となる起業の試みに破れたところだった。音楽CDの通販会社を立ち上げたが、一年半でたたむ結果となったのだ。ミリアムのアメリカ滞在期間中、二人はかなり長い時間を一緒に過ごした。帰国したミリアムは休学を決め、二、三カ月後に再びマイアミに戻る。エリックは彼女を根気よく口説きつづけ、ついに人生のパートナーになった。

それから七カ月が経って、二人はニューヨークへの引っ越しを決める。エリックは、ヨーロッパからパーソナルケア用品を輸入している化粧品流通業者で、経理の仕事を見つけた。ミリアムは、学生時代にパリでスパ関連用品のメーカーでアルバイトをした経験があり、フェイシャルトリートメントとボディトリートメントを行うエステティシャンとして、イーストサイドのデイスパで働き口を決めた。同時に認定講座の受講を通じて中国の薬草とアーユルヴェーダ・ハーブについて学び、空き時間にはアロマテラピーの勉強も始めた。

彼女はその時期に、エリックが不規則な時間にヒゲ剃りをしていることに気づいた。本当は朝にヒゲ剃りをしたいのだが、カミソリ負けしてしまうので、仕方なく夜にしていたのだ。そういえば自分の父も同じ理由から、シェービング・クリームを塗る前に肌にジョンソンのベビーオイルをつけていたのを思い出す。エリックの役には立ちたかったが、人工のミネラルオイルと合成成分を含んだ一般的商品を勧める気にはなれなかった。天然のエッセンシャルオイルを使って、肌と身体にいいものを自分で調合できるはず――そう考えたミリアムは、数カ月の試行錯誤を重ねて、エリックが炎症を起こさずにヒゲを剃れるプレシェーブ・オイルを自宅で調合することに成功した。効果は絶大だった。

手順2　泡立て

あたたかい泡が顔をすべっていく。私は思わず声に出してため息をもらした。上級理容師は手早く泡を広げ、温度が下がる前に頬から首筋まですっかり泡で覆う。泡立てたホットなシェービング・クリームを何度も塗ってもらえるなら、ヒゲなど剃らなくてもかまわないと思うほど心地よい。だが、理容師はヒゲ剃りの作業とレッスンを先へ進めた。「ご自宅でも、アナグマの毛のブラシを使って、これと同じ効果を出せます」と、彼は説明する。「ブラシにクリームをつけて、それからブラシごと蒸気の出るお湯に浸します。アナグマの毛は独特で、保水効果があるのです。そのおかげで熱い泡を立てることができます」

シェービング・クリームにはグリセリンとココナッツオイル、そしてラベンダーの成分が含まれており、刃をあてる前にヒゲを柔らかくすると同時に、気持ちをやすらかにしてくれる効果がある。

ミリアムとエリックは、マイアミで暮らしはじめた頃から、事業の立ち上げについて考えていた。ミリアムはスパを開きたかったので、二人で何カ所か店舗候補地の見学までしたのだが、それだけの資本の余裕がないと痛感させられただけだった。

その後、一九九五年の春にニューヨークに引っ越してから、再び起業プランが浮上する。ただし内容は同じではない。エリックのシェービング体験を通じて、ミリアムは男性のスキンケアに対する危機感を覚えるようになっていた。女性は肌のために年間に何千ドルもかけるが、男性はゼロに等しい。しかし当時、マンハッタンのダウンタウンの流行に敏感な地域では、新しいトレンドが生まれようとしていた。男性が高価なグルーミンググッズを使ってお肌のお手入れをするのは、以前ならゲイ・コミュニティだけで見られる習慣だったが、一般の男性も同じ所作をするようになっていたのだ。作家のマーク・シンプソンは、一九九四年のインディペンデント誌のコラムで、こうした男性を表現する名称として「メトロセクシャル」という造語を生み出している。

メトロセクシャル・ブームは着実に、しかし限定的な範囲で広まっていった。肌をきれいにして甘皮を整えた男性というイメージは斬新で、おもな大都市ではプラスに受け止められていたが、それ以外の地域では好ましく思われなかったのだ。爪の手入れをしたり、メトロセクシャルにとっては必需品である高価な顔用化粧品を使うのは、あまりにも「女性っぽすぎる」行為だった。もちろんウォール街であっても、足の爪にペディキュアを塗ったりアプリコットのフェイシャル・スクラブで洗顔したりする証券マンを見つけるのは難しかっただろう。だが、オハイオ州クリーブランドのマニキュア店に入り浸っている会計士を見つけるのは、金銭的余裕の有無にかかわらず不可能な話だった。

そこでミリアムが生み出したイノベーション——私の考えでは、彼女の的確な洞察力こそが、ブランドとしてのジ・アート・オブ・シェービングを支えている——は、メトロセクシャルの流行を踏まえつつも、そこにきわめて男性的な趣味のよさを色濃く漂わせたことだった。ジ・アート・オブ・シェービングの第一号店に漆黒の建築木材を使い、あえて古風な理容店用の椅子を置き、あたたかな雰囲気を持たせて、伝統的な英国の理容店を手本とした店作りにしたのである。

そうして富裕層の男性向け店舗というイメージを実現したのも事実だが、マンハッタンにこうした店舗を開いたのには、実はまったく別の経緯があった。当時のミリアムとエリックはどちらも三十歳に達していなかった。貯金もなく、ニューヨークでもチェルシー地区の狭いロフトに住み、生活費の支払いすら苦しい状態だった。ところが一九九六年の夏のある日、ちょうどロンドンに出張中だったエリックがミリアムと電話で話していると、彼女の口から「話を先へ進めたい」という言葉が飛び出してきた。

「奇跡的にうまくいけば小さな家族経営のお店をどこかに出せるかもしれない、という程度のお金はありました」と、エリックは振り返って語っている。

「やってみようかという話になってから、一カ月くらい経っていたと思います。ミリアムは苛立ちを爆発させて、『で、いったいいつになったら約束したビジネスを始めるの？　やろうっていったのに、何もしていないじゃない』と言いました」

店を開きたいなら、ミリアムが場所を見つけなくちゃならない——エリックはそう答えたという。

「ロンドンからの電話の時点で、彼女は退屈だと不平をこぼし、ビジネスを始めたいんだと訴えました。それなのに、実現するための行動を何も起こしてないじゃないか、と。だから僕は『きみが店を開きたいんだから、きみが場所を見つける必要がある』と言ったんです。そっくりそのままそう話したんですよ。『そうでなければ実現しない。僕は仕事があって一日じゅう手が離せないんだから、きみが場所を見つけてくるんだ。そうしたら店をやろう』と。そう言って僕はあしらったつもりでした。まだ知り合って一年半だったし、彼女の中に何が眠っているのか、わかっていなかったんですよ」

しかしその電話から数時間後、エリックはミリアムの底力を思い知ることになる。「任務完了」と彼女は伝えてきたのだ。

「レキシントン・アヴェニューとパーク・アヴェニューのあいだの六二番通りから歩きはじめて、九〇番通りまで行って、それからレキシントンとサード・アヴェニューのあいだを六二番通りまでずっと下ってみたの」

最後にたどりついた場所に、「テンダー・ボタンズ」という名前の小さな店があった。ミリアムはおばに紹介されてその店を知り、憧れを抱いていた。何万個ものアンティークのボタンを扱う店のヨーロッパ風の雰囲気と、地域に溶け込んでいる様子に心を惹かれていたのだ。そのボタン屋からすぐの場所に、小さな小さな店舗――元は新聞販売店だった場所だ――を月二六〇〇ドルで借りられることがわかった。エリックにあしらわれた六時間後、再び電話してきたミリアムは、「場所を見つけたわよ」と宣言した。

「僕は、冗談だろう、と言いましたよ。彼女はどうかしちゃったのか、と思いました。はねのけようとしたつもりだったのに」

しかし、彼女の言葉が刺激となった。エリックはすぐに、ミリアムが見つけた店舗を扱う不動産業者に連絡をとった。業者はその日の午後に打合せを提案したのだが、エリックは自分がロンドンにいること、ニューヨークに戻るのは翌日になることを告げた。

「僕のことを、国際的に活動する資本家か何かと勘違いしたらしく、自分の妻にあてがう適当なビジネスでも探していると思ったようでした。二日後には実際に会ったのですが、僕ら二人にとてもいい印象を持ってくれていたので、信用照会もせずにテナント契約を決めてくれました」

実際のところ貯金口座には、テナント契約に必要な二カ月分の敷金や、一カ月分の家賃を先払いする額すら入っていなかった。エリックは唯一の貴重品である、一九九三年型のBMW325iクーペを売ることにした。彼がアメリカで七年も汗水を流して働いて買った真っ白の美しい車は、一万二〇〇〇ドルで売れた。家賃と敷金、家具と商品仕入れの手付金を払うと、五〇〇〇ドルしか残らない。建物の管理人は、一五〇〇ドルで店舗用の改築を認めた。余った三五〇〇ドルは、備品を揃える費用としてミリアムに預けた。「店のビジョンはもう思い描いていたんです」とミリアムが言うと、エリックが言葉を重ねた。

「彼女は、調度品を探しに出かける前に、店のあらゆるディテールを説明しました。今の我が社の店舗すべてに、そのときのビジョンが正確に表現されています。変わったのは、店を建てる予算だけです」

しかし当時は三五〇〇ドルというわずかな予算でビジョンを実現させるべく、ミリアムは蚤の市で掘り出し物を揃えた。それから、地元の家具メーカーで、いくつか特注品を作らせた。

そのメーカーは、新たに創業する小売店を優遇することで長期的メリットがあると見込んでくれたのだ。現在ある二十七店舗にも、このメーカーがすべての調度品を提供している。

だが、先行投資をかけずに在庫を揃えることができなかったとしたら、努力もすべて水泡に帰してしまっていたはずだ。それが実現したのはエリックのおかげだった。驚いたことにエリックの雇用主が喜んで手を貸し、かなりいい条件で、ヨーロッパの男性向けシェービング用品の買い付けをサポートしてくれたのだ。エリックがきわめて有能な会計士だったことから、ニューヨークで妻のために店を開くのも、きちんとした考えがあってのことだと受け止められたのである。

「ジ・アート・オブ・シェービング」という名前はミリアムが考案し、エリックもすぐに賛同した。「通りすがりの人が、名前を見て、何の店だか判断できるようにしたかったんです」と彼女は語っている。

「なぜって、私たちの店は、あの当時のアメリカでは数少ない男性向けシェービング・ショップだったのですから。店のコンセプト自体が新しかったのです」

今日でも、ジ・アート・オブ・シェービングの店舗の外に立って覗き込んでいる男性は、必ずといっていいほど無意識のうちに自分のあごヒゲをこすっている。エリックとミリアムが期待したのは、まさにそんな反応だった。

手順3　シェービング

カミソリというのは小さいながらもすごい道具だ。刃は衛生管理のために使い捨てだが、上級理容師はあえて私に付け替えている様子を見せるようにした。彼が握るモダンかつ古めかしい道具は、ジ・アート・オブ・シェービングのショールームにディスプレイされているヴィンテージ物のカミソリよりも、もっと曲線をおびたシルエットになっている。

正直に告白すると、刃が顔にあてられたときの私は緊張していた。『13日の金曜日』を観て育った世代だし、他人の手に握られた一枚刃のカミソリを見た経験と言えば、切り裂きジャックをテーマにした映画くらいだったからだ。なぜ自分はおとなしく喉を差し出して切り裂かれんとしているのだろう——そんな想いが脳裏をかすめる。だが、今ここに立っている理容師は、それなりの腕があるからこそ、上級理容師の肩書きを持っているのだ。私のむき出しの喉に近づく刃が彼の手の中で躍る。その感触はささやき声のように柔らかで、剃られるのを感じるよりも聴くことができるほどだ。一瞬で、自分がプロの手に身を委ねているのだと悟った。この男は、まるでミハエル・シューマッハがフェラーリを乗りこなすように、手の中のカミソリを扱っている。その刃がふんわりと泡になったシェービング・クリームをやさしく分かつ。背中を掻いてもらう感覚にも似た、心地よい感動を味わいながら、思っていたよりもはるかに自分がリラックスできていることに気づいた。

奇妙なことにシェービング自体は一番短い工程だった。実際のところ、シェービングされ、もう一度泡を乗せて、再びシェービングされるのは、本当にあっというまの瞬間だった。ここには実に有益なレッスンがこめられている。準備を適切に済ませているならば、シェービングは短時間で済み、血が流れる可能性も低く、そしてきわめて優れた効果を出すのだ。ジ・アート・オブ・シェービングが男性に教える多くの物事と同様に、この知識は実用的であると同時に思慮に満ちている。

剃られているあいだ、私はほとんど目を閉じていたのだが、刃が動いている途中で少しだけ目を開き、ちょっとした見物の人だかりができていたことに気づいて驚いた。何しろ時間は金曜日の朝十時前だ。この店舗の椅子は二枚の窓に面していて、その向こうのすぐそばにショッピングモールのフードコートがある。働く理容師の姿を披露するのが、このモールのショーの一つとなっているのだった。実に興味深い取引である――見物人の目の前で定期的にヒゲを剃ってもらいたがる客がいるとは想像しにくい。その一方で、モールの真ん中でカミソリをひらめかせシェービングを行う理容師を見られるとあれば、思わず目を引かれるし印象に残る。ジ・アート・オブ・シェービングのさまざまな要素の中でも、このパフォーマンスこそが、ビジネスとしての同ブランドを際立たせている要素であり、現代の男性の記憶に深く埋め込まれた伝統的儀式との強い絆を育むポイントでもある。見事な手腕を包み隠さず披露することで、ブランドをまぎれもない真正《オーセンティック》な存在にしているのだ。競合他社も、商品を卸している小売店も、そろってこの手法に感服している。また、ジ・アート・オブ・シェービングの専門技術力は、昔ながらのヒゲ剃りに、アロマテラピーとハーブ効果という現代的なイノベーションを持ち込んでいる。伝統ある価値観と、スパのような贅沢さという組み合わせが、ジ・アート・オブ・シェービングの第一号店をマンハッタンでもユニークな存在にしたのである。

一号店オープンの二週間前に、ミリアムはエリックに対し、「店長はいつ雇う？」と尋ねた。エリックは笑って、「店長はきみだよ」と答えた。

「他の人を雇う余裕なんかないんだから」

そうして一九九六年十月六日の日曜日、ジ・アート・オブ・シェービングの一号店が開店する。最初の一カ月は厳しかった。ミリアムは決して怠惰でも無能でもなかったが、当時はまだ英語がおぼつかなかったからだ。エリックは本業の勤務時間外を利用して手伝うことにした。客にサービスするには相手を理解しなければならない。最初の数週間はそれだけでも悪戦苦闘だった。初日の売上は総額二〇〇ドル。採算を取るにはほど遠い数字だったが、二人は有頂天になった。しかし、すぐに、奇妙な現象が起きていることに気づいた。

「来てくれる人々は、店の外見が気に入ったから、とか、近所に住んでるから、という理由で集まっていたんです。『新しい店かい？　ヨーロッパの店なのか？』と言われました。そして、特に関心があるわけではないのに店を支援する気持ちで商品を買っていってくれたのです。自分の夫のために何かを購入する女性もたくさんいました。ところが、最初はそんな理由でも、次は例外なく全員が常連客として戻ってきてくれたのです」

カギは立地だった。小売店を支えるだけの充分な集客が見込める地域だったし、そのコミュニティ自体にも、新規ビジネスを成功させようという助け合いの精神があふれていた。また、重要かつ予想外なことに、あたりにはジャーナリストも少なからず住んでいて、店を有名にしてくれた。店内に使った漆黒の木材、ブランドの名前、商品のセレクションと同様、この場所を選んだ判断も、ジ・アート・オブ・シェービングを〈アクシデンタル・ブランド〉として成功に導く要素となったのである。

はたして、わずか一週間後に、ちょっとしたチャンスが訪れた。ニューヨーク・タイムズ紙の記者が通りかかり、店に立ち寄ったのだ。記者は、マンハッタンの新ビジネスについてコラムを書いていると話し、ジ・アート・オブ・シェービングは新しい店なのか、と尋ねた。彼がコラムでジ・アート・オブ・シェービングを取り上げたところ、客足が伸び、何とか採算が取れるに至った。そして開店二カ月目の後半からクリスマス前のショッピングシーズンが始まり、ビジネスは一気に盛況となる。最初の二カ月は月間売上高が一万ドルだったが、三カ月目となる十二月には三万七〇〇〇ドルを達成した。

目を見張るほどの売上増加を受けて、ミリアムとエリックは自信を持った。そして翌年一月、一号店を開いてわずか三カ月後に、不動産業者に二店目のための場所を探すよう依頼する。今度の希望はマディソン・アヴェニューの、もう少し広い店だ。実績はたった三カ月、信用履歴もない、貯金もない——二十二歳のミリアムも、二十八歳のエリックも、そうした事実に一向に臆さなかったという。不動産業者はすぐに、四六番街とマディソン・アヴェニューのあいだ、ルーズベルト・ホテル内の場所を見つけてきた。そこではちょうど大規模な改装工事が行われている最中だったが、二人にとっては幸いなことに、ホテル側も店舗リースの経験がそれほどなかったため、契約交渉が半年にわたって続き、そのあいだにレキシントンの一号店で大きく業績を伸ばすことができた。

そして一九九七年一月、エリックは、以前にロンドンで知り合った理容師に連絡をとる。英国首相だったジョン・メージャーや、英国王室の家系にあたる人物の髪を切った経験のある理容師だ。その男が二月に渡米する予定があるというので、そのときにジ・アート・オブ・シェービングの店舗で二日間のシェービング・イベントをやってほしい、と頼んだ。店にはアンティークな理容店専用の椅子が置いてあったが、商品を売っているだけの店なので、椅子は完全なる装飾品としての役割しか果たしていない。ミリアムとエリックは、それを数日間だけ実用品として利用することにした。裕福な常連客の一部に対し、店への関心をいっそうかきたてるための手段として、特別なシェービングサービスを提供したいと考えたのだ。

イベントを宣伝するにあたり、ミリアムはシンプルな白黒の絵ハガキを作成した。昔風の一枚刃のカミソリでヒゲをあたってもらっている男性のイラストに、「英国王室と首相が抱えた理容師によるシェービングサービスご優待」という言葉を添える。それを四〇〇枚、顧客リストの住所に送付した。すると三日で、なんと一〇〇人もの顧客からシェービングを予約する電話がかかってきた（ダイレクトメールの回収率は、通常なら二％程度だ）。エリックは理容師に再度連絡して、イベントを二日ではなく一週間にしてくれるよう頼んだところ、快い了承が得られた。

こうしたハガキの一枚が若い広報エージェントの手にわたり、ジ・アート・オブ・シェービングの宣伝をやりたいという申し出があった。自分の能力を証明するべく、無料でシェービング・イベントの宣伝を請け負い、もしイベントが成功したら今後のPR活動を任せてほしい、との提案だ。エージェントの能力は見事だった。ジ・アート・オブ・シェービングのイベントはCNNテレビで三分間にわたって取り上げられたほか、ニューヨーク・タイムズ紙日曜版のメトロ・コーナーに記事が掲載され、フォーチュンには一ページを割いた記事が載り、GQ誌をはじめとする複数の男性向け雑誌でも紹介された。イベントは大成功。大型店舗へと拡大するためには必要不可欠だった知名度をもたらしたのである。

レキシントンの一号店が扱っていたのは、消耗品（シェービング・クリーム、アフターシェーブ・バーム、保湿剤など）や耐久消費財（シェービング・ブラシ、カミソリの本体、携帯ケースなど）を含むさまざまな種類のシェービング用品だ。通常は、売上高のほとんどが消耗品によるものだった。しかし理容師が店にいたイベント期間中は、そのバランスが劇的に変化したのである。来店した男性客たちは、シェービングサービスが終わると、三〇〇ドルも四〇〇ドルも払ってシェービングセットをひと揃い買い求めた。理容師は彼らに手入れの方法を教え、手を使うよりブラシを使ったほうがいい理由など、異なる手法や道具の適切な使い分けを説明することができたからだ。エリックは自分でも意識せぬうちに、一九七〇年代に理容店を終焉に追いやった秘密を解明し、理容師を有能な商品販売員に変える方法を見出していた。これがヒゲ剃り用品を軌道に乗せるカギとなり、最終的には、客が平均して一回あたり一〇〇ドルの購入をしてくれるようになった。商品を実際に使って見せることによる視認性と、理容師の存在感のおかげだ。

一九九七年三月二十三日、ニューヨーク・タイムズ紙の日曜版の記事でジ・アート・オブ・シェービングが取り上げられる。完璧主義の企業家であるミリアムとエリックは、こと細かに取材に応じたのだが、思ったような内容にはならなかった。「僕たちは記事を読み、不満をこぼしました。こんな書き方は気に入らない、ちっとも素敵な記事じゃないじゃないか、って」と、エリックは笑顔で振り返る。奇しくも翌日は二人の結婚式だった。エリックはすでにアメリカ市民になっていたが、ミリアムは当時まだ永住権取得手続きの途中で、担当の移民弁護士から、四月一日の法改正の前に結婚する必要がある、と言われていたのだ。二人は三月二十四日の朝早く、立会人の運転する車で会場に向かい、短時間ながらも心温まる人前結婚式を挙げた。その日は店を休もうかとも考えたが、ジ・アート・オブ・シェービングを「気ままな家族経営店」にしたくないと考え、営業時間はつねにきちんと店を開こうと誓いあった。そこで立会人と、小さなウェディングケーキとともに急いでレキシントンまで戻り、朝十時には店を開けた。

月曜は小売店にとって客足の伸びない日だ。その日の二人も、午前中はたいして客が来ないだろうと思っていた。ところがエリックの話によれば、「到着した時点で、すでに店の前に列ができていた」のだ。新聞で紹介された商品を注文しようと、ひっきりなしに電話もかかってきた。結婚式の日の売上高は八〇〇〇ドルを超え、在庫が空になった。エリックは夜のうちに倉庫に車を走らせ、在庫を補充しなければならなかった。翌日も目が回るような一日になり、それが三カ月にわたって続いたのである。六月にはエリックが仕事を辞め、ジ・アート・オブ・シェービングの常勤社員として働きはじめた。店にとっては二人目の正社員だ。

ニューヨーク・タイムズ紙の記事と、それに続くレキシントン店の売上激増のおかげで、ミリアムとエリックはマディソン・アヴェニューに旗艦店を開くための資金を手にした。マディソン・アヴェニューはレキシントン店よりもはるかに賃料が高く、頭金だけで三万ドルが必要だったのだ。また、レキシントン店でのシェービング・イベントを通じて、知名度も上がったことを受けて、マディソン・アヴェニュー店の一要素として「バーバー・スパ」という特徴を持たせようと決意する。ミリアムは理容サービスにスパ・トリートメントやアロマテラピーを加えるという夢を捨てておらず、二号店にそのチャンスがあると考えた。かくして、マディソン・アヴェニュー店を一九九七年八月にオープンすると同時に、常設のサービスとして「ロイヤル・シェーブ」を導入。古典的な理容サービスに、フェイシャルトリートメントを追加したメニューだ。四十五ドルという料金はシェービングとしては桁外れに高かったにもかかわらず、反応はきわめて良好だった。店舗は開店と同時に大繁盛。二カ月も経たぬうちに黒字転換を果たした。世界で最も高級なショッピングエリアと言われる地域に登場した二号店は、ジ・アート・オブ・シェービングを一流のブランドへと押し上げたのである。

手順4 保湿

私が二〇〇七年のマイアミで上級理容師の手によって体験したサービスは、十年前、一九九七年のニューヨークでミリアム・ザオイが生み出した「ロイヤル・シェーブ」と寸分たがわぬ内容だった。上級理容師は、私の顔を剃り終えて刃をしまい、シェービングの最後の手順に入った。最終手順では、これまでの三段階を合わせたのと同じくらい、多くのステップを踏む。まずは一枚のホットタオル。レモンのエッセンシャルオイルを何滴か染み込ませたタオルで、強くさわやかですがすがしい香りがした。それから両目の上にコットンを載せる。ミリアムがフランスにいた頃から好んでいたローズウォーターを浸したコットンだ。きつすぎないフローラルな香りで、私は祖母が使っていた洗面台を思い出した。祖母が夜になると入れ歯を浸しておいたコップの横には、ローズウォーターの瓶が置いてあったからだ。その香りを堪能するとともに、ごく自然に思い出を想起させるミリアムの手腕に再び舌を巻いた。

トリートメントの次のステップは意外なものだった。一九〇センチの長身の理容師が、やさしい手つきで保湿パックを私の顔に塗ったのだ。植物由来成分のパックで顔を覆い、シェービング中に失われた肌の栄養を補う。ひんやりとして心地よかったが、ウィンドウの向こうのショッピングモールを歩いている若者の目にはどう映っていただろう。幸い、目の上にキュウリだけは乗せられなかったのだが。

この上級理容師の名前はマイケル・フェルトンという。アイオワ州のミシシッピ川沿いで育ち、祖父・父と三代続いて理容師になった。祖父はダヴェンポート市のブラックホーク・ホテルで富裕層向けの理容師として働き、ミシシッピ川を行く大型船から下りてきた紳士たちにシェービングとヘアカットのサービスを行っていた。幼少時代のフェルトンは祖父の店に居座り、同僚が帰ったあとでも祖父が技術修練にはげむ姿を見守っていたという。

フェルトン自身もその店で何年か理容師としての経験を積んだが、その後ニューヨークに移り住んだ。劇場で働いていたところをジ・アート・オブ・シェービングにスカウトされ、再び理容師としての腕を振るうようになる。しかし、故郷のアイオワ州で子供を育てたいと考え、二〇〇〇年に退職し、観光地であるオコボジ湖のほとりで小さな店を開いた。今もアイオワ州を拠点としているが、全国のジ・アート・オブ・シェービング店舗へ出向いては、理容師の研修やデモンストレーション、プレスイベントなどに携わっている。私が彼と顔を合わせる数週間前にも、テレビの人気トーク番組『マーサ・スチュワート・ショウ』に出演して、自宅で行うシェービング・テクニックを披露していた。

「素晴らしいことでした。全国放送に出たことによって、さらに多くのデモンストレーションを行う機会に恵まれたばかりか、私の技術への信頼性も高まったのですから」

そう語るフェルトンは、ジ・アート・オブ・シェービングのブランドがそうであるように、単なる商業的成功にとどまらない使命感を抱いている。アメリカ人男性の生活において、理容師という職業が、再び存在感を持つようにしていきたいと考えているのだ。

私の顔にあてられた一枚刃のカミソリと、ほとんどの男性が日常的に使用している複数の刃がついた安全カミソリとではどう違うのか。私は彼の意見を聞いてみたいと思っていた。ジ・アート・オブ・シェービングの店舗では一枚刃のカミソリを売っているが、そのディスプレイの仕方は、販売用というよりも美術的な理由で飾られているかのような印象を与える。水を向けると、フェルトンも私の受けた印象を肯定した。

「祖父は実用的な目的でシェービングを行っていました。当時は、習慣的に理容師に剃らせていた男性が多かったんです。理容師は、一般的な男性よりも一枚刃のカミソリの扱いに長けていたので、任せたほうが安全でした。けれども、複数の刃のついた安全カミソリが主流になってからは、誰でもおおむね完璧に近いヒゲ剃りができるようになりました。私たちは、もっと優れたシェービング方法をお教えすることができます。特に、その方の肌に適した方法をお教えできます。とはいえ、昨今では理容師によるシェービングは贅沢になってしまいました。これは豪華な処置というわけです」

フェルトンは手を休めず、レモンのエッセンシャルオイルが染み込んだスポンジで顔のパックをぬぐいさった。それから、さらにエッセンシャルオイルを染ませた冷たいタオルを載せ、毛穴を引き締め、水分が逃げるのを防ぐ。最後にラベンダーの香りがするアフターシェーブ・バームを取り、塗り込むというよりも軽く叩くように塗布した。シェービング後の肌は敏感になっているので、余計な負担をかけないようにすることで不快感を和らげられるのだという。

「お客様に、ご自宅でもきわめて完璧に近いシェービングをする方法をお教えするよう、努めています。三カ月から六カ月ほど続ければ、それまでの間違ったヒゲ剃りで肌に与えてしまったダメージが完全に消え去り、シェービングしなくても一日を過ごせるようになります。私も昨日の朝にシェービングをして、今日はしていないんですよ」

シェービングのサービスは、この解説を最後にすべて終了した。握手もそこそこに、彼はまた別のモールでシェービングのデモンストレーションをするために店を離れる。私は、しばし店内に立ち尽くし、自分の顔をゆっくりと撫で、肌の柔らかな手触りに感嘆した。

＊＊＊

エリック・マルカとミリアム・ザオイに会ったのは、彼らが住んでいるマイアミ・サウスビーチのウォーターフロント・マンションだ。高級マンションで、来訪者はバレット・パーキングを無料で利用できる。許可なしに駐車すると厳しい罰金が科せられるので、観光客がまぎれ込むこともない。私は以前に二度ほど車でこの建物の前を通ったことがあったのだが、来訪者用の駐車場があるとは気づかなかった。ボーイにキーを預け、ぎこちなくチップを渡しながら、何だか自分が田舎者になったような気分を味わう。ロビーは広大で、リゾートホテルを思わせる造りになっており、もう少しでフロントデスクにクレジットカードを出してチェックインしそうになった。制服を着た案内係は来訪者リストを確認し、用心深く確認の電話を入れて、それから私をエレベーターに案内する。エレベーター内には前後に扉があり、後方の扉が開くと、もうそこはエリックとミリアムの居住する部屋だった。ミリアムが私を出迎え、風通しのいい部屋へと招き入れる。室内は、まるで建築雑誌に載っている写真のようだ。「最初にここに来たときは、ニューヨークからたくさんの家具を持参したんです。もっと古めかしい家具を。でも、合わなかったんです。だから少しずつモダンな家具でまとめるようになってしまいました」と、ミリアムが残念そうに言い訳した。

バルコニーにはゆったりしたサイズのダイニングテーブルが置いてあり、ビーチから大西洋までマイアミの都会が一望できる。まもなく軽量なカーキ色のプラダのスーツを着こなしたエリックが姿を現し、三人でバルコニーの椅子に腰を落ち着けた。エリックとミリアムの二人は、一種の控えめな上品さを漂わせている。豪勢なマンションに住んではいるが、大金をつぎ込んでボートや別荘を買おうとは考えていない。ニューヨークにはすでに四店舗も開いているというのに――レキシントン店、マディソン・アヴェニュー店の他に、コロンブス広場のタイム・ワーナー・センターに一店あり、グランド・セントラル駅にも新店舗を開いたところだ――ニューヨークに別宅を購入することはためらっている。エネルギッシュだが慎重で、仕事が半分以上は進行したと確信するまでは勝利宣言を出したがらない。十年間、毎年ほぼ二倍というスピードで成長しつづけてきた企業のオーナー創業者と聞いて、誰もが思い浮かべる像とはまったく一致しないのだ。

マディソン・アヴェニュー店が成功したことから、二人はようやくオリジナルグッズの生産ラインを立ち上げる資金を確保した。当時住んでいたアパートの台所を研究所がわりに、アロマテラピーをベースにしたシェービング・クリーム、オイル、ローションの第一号を作り上げる。レキシントン店を開いた当初から、男性客からは無香料で低刺激性のシェービング用品を求める声が寄せられていた。当時はそういった商品が市場に存在していなかったのだ。そこで、ジ・アート・オブ・シェービングのロゴを冠する最初の商品として、無香料のプレシェーブ・オイル、シェービング・クリーム、アフターシェーブ・バームが誕生する。ミリアムが調合に専念して、植物由来のエキスやエッセンシャルオイルなど、一〇〇％天然成分の商品を完成させる一方で、エリックがアドビ「フォトショップ」の使い方を学び、パッケージのラベルを作った。テスト販売用として準備した数は、それぞれ一〇〇〇個ずつ。店頭に並べて一カ月も経たないうちに、レキシントン店、マディソン・アヴェニュー店の両方で売上のトップ3を占めるヒット商品になった。

これを受けて、二人は新商品の開発に全力を注ぎ、アロマ成分をベースにした男性用シェービング用品を次々と生み出す。半年間で三十七種類もの新商品が店頭に並んだ。無香料シリーズに加えて、香りのあるシリーズも普通肌、乾燥肌、脂性の肌と三種類に分けて立ち上げた。何より重要なのは、二人が心から信じる哲学を強調していた点だ。機能性を追求するだけではなく、健康に良い効果をもたらすエッセンシャルオイルやハーブエキスを含め、全成分を天然由来とした。ミリアムは一度ならず「肌に付けるものは、すべて最終的には血流に入るんです」と語り、そのたびに私は少々不気味な思いがした。さらに私はこのセリフを聞くたびに、エッセンシャルオイルとハーブエキスの違いを尋ねなければならなかったのだが、彼女はいやがる様子もなく説明を繰り返してくれた。

ジ・アート・オブ・シェービングにとっての次なる活路が開けたのは、完全なる偶然だった。シェービングに必要な品物をすべて揃えたシリーズを立ち上げた頃に、高級デパートのニーマン・マーカスと接点を持つ機会に恵まれたのである。テキサス州ダラスを本拠地とするニーマン・マーカスの幹部の一人が、出張中に機内誌でジ・アート・オブ・シェービングのバーバー・スパと「ロイヤル・シェーブ」サービスに関する記事を読んだ。そして、ダラスのダウンタウンにあるニーマン・マーカスの旗艦店内にジ・アート・オブ・シェービングのバーバー・スパを開いてはどうかと考えつく。飛行機が着陸すると、すぐさまマディソン・アヴェニュー店に電話をして、その日は一人で店を切り盛りしていたエリックと話をした。かくして、二週間後にニーマン・マーカスの社長の前でプレゼンテーションをするアポイントを取りつける。当時の社長は非常にいかめしく物静かな男で、エリックが売り文句を述べているあいだ、ほとんど反応を見せなかったという。

「話が終わると、その場にいた全員が社長の言葉を待ち、沈黙が流れました。社長は深いため息をつき、こう言ったんです。『知らなかったと思うが、私の祖父は理容師だったのだよ』と」

会議室の緊張は一気にとけ、活発な議論が始まった。翌年の一九九九年、ニーマン・マーカス旗艦店にジ・アート・オブ・シェービングが誕生し、さらにその一年後にはニーマン・マーカスのチェーン全体に広がった。

＊　＊　＊

私を自宅に招いたミリアムとエリックは、そこから車で数分のレストランへディナーに連れて行ってくれた。レストランへ向かうべく腰をあげる際にも、テラスから見晴らす夕焼けの光景が美しく、名残惜しく感じる。エリックが小さなリモコンでエレベーターを呼び、駐車場のある階へと向かった。ごく普通の駐車場のようだが、薄暗がりに目が慣れてくると、停まっている車が見えてきた。フェラーリすら大衆車に思えてくる——何しろ、エレベーターから十五メートルも行かないうちに、四台ものフェラーリが目に入るのだ。エリックの車はメルセデスCL550。流線型をした美しいクーペだ。新型の限定車で、エンジンは四〇〇馬力。座席はシートクーラーとマッサージ機能がつき、コーナリングの際には自動的にサイドボルスターが膨らみ、体を包み込む。まるでディズニーランドの回るティーカップに乗っているかのような気分になる。短すぎる快適なドライブが終わり、レストランに到着した。静かな店内で手作りのパスタとガーリックの香りが私たちを出迎える。

ミリアムとエリックは実に魅力的で、興味を引かれる夫婦だ。エリックのほうが表現豊かで、人前で喋る能力に長けている。ミリアムの言葉の接ぎ穂を引き取ったり、遮って話を変えることも多い。しかしミリアムが苛立つ様子はないし、彼女の立場が低いという印象も与えない。むしろミリアムは自信と輝きに満ちていた。エリックは戦略家であり、天才的な不動産家であり、財務感覚もずば抜けている。一方のミリアムはブランドを立案し、商品、包装、店舗サービスなどをすべて取り計らう。ミリアムは細部にうるさいタイプなのかと尋ねると、エリックは笑って「こんなに細部にうるさい人には会ったことがありませんよ」と答えた。ミリアム本人も「強迫観念が強いんです」と認め、店舗の一つひとつが完璧に清潔で、商品も適切に並べられているよう、こだわりすぎるほどこだわるのだと話した。毎月のように新店舗がオープンしているので、そのこだわりの追求はだんだん難しくなっているはずだ。新店舗の多くは、マンハッタンのタイム・ワーナー・センター店に見られるような、小さいが上品な雰囲気を手本にまとめられている。

エリックが熱意を捧げているのは戦略と成長だ。会社を生命体と考え、従業員の意欲と心理的充足を重要視している。ミリアムが望むのは、自分が思い浮かべるブランドのビジョンに形を与えることだ。頭の中でオペラを作曲する音楽家に似て、小売スペースも、商品パッケージも、商品の原材料も、頭の中で細部まで正確に決められたビジョンを再現している。本社での二人は、隣接した同じ大きさのオフィスを使う。それぞれが異なる世界を担当しながらも等しい立場にあることをはっきりと象徴するオフィスだ。お互いがお互いの長所を引き立て、ビジネスに対する情熱をわかちあっているのである。

二〇〇〇年の暮れ頃には、エリックはマイアミに戻る決心を固めていた。個人的にはニューヨークの寒い冬が嫌いで、年間を通してビーチのそばに住みたいと思っていたからだ。そしてビジネスとしては、ニーマン・マーカスのデパート内でジ・アート・オブ・シェービングのブランド商品を扱うようになったことから、幅広い高級小売店での卸売販売の可能性に目覚めていた。そのためには、大きな倉庫と大人数のスタッフが必要だが、マンハッタン本社の拡大には費用がかかりすぎる。マンハッタンの西にあるニュージャージー州か、ニューヨーク州郊外のウェストチェスター、あるいは別の大都市に移転すれば、手ごろな場所が見つかるかもしれない。

ミリアムはニューヨークを愛していたので、移りたくはなかった。だが、郊外で生活するのはもっといやだったし、家族の大半が今はマイアミに住んでいる。そこでマイアミにアパートを確保し、オフィスと倉庫を押さえ、二〇〇一年八月から移転に着手した。

だが、その一カ月後に、あの同時多発テロが発生。まだニューヨークに住んでいた二人は、生々しい光景を目撃した。ニューヨーカーの多くがそうだったように、それからの数日間で、過去に想像もしなかったような体験をした。家に帰れなくなった従業員をアパートに宿泊させ、みなで家族のように寄り添って事態を見守った。ミリアムは、消息不明者の顔写真を載せた何千枚というチラシに、心を揺さぶられる思いがしたという。ロウアー・マンハッタンのあらゆるビル、電柱、店頭にチラシが貼られていた。9・11直後の数日間は、貼紙の内容は助けを求めるメッセージだった。さらに数日後には誰かの死亡を知らせる内容に変わり、ミリアムの心に何週間も焼きついて離れなかった。

エリックはそれからしばらく高熱が続き、事故の光景を夢に見てはうなされ、喉の痛みを訴えた。悲劇から十日後、二人でレンタカーでマイアミへ向かったときには体調は回復していたが、当時のアメリカ中の人々と同じく、心に穴が開いたような感覚は薄れていなかった。

「情熱を失ってしまったんです——ビジネスのことなど、まったく考えられなくなってしまいました」

エリックがその心理状態を脱するには、半年かかったという。

「ある日、目が覚めて、もう打ちのめされてはいないと感じたんです。充分に打ちのめされたので立ち直る準備ができた、といった感じでした」

二人はマイアミで、再びオリジナル商品の開発に力を入れた。ミリアムが商品そのものに専念する一方で、エリックが卸売販売のルート拡大に尽力する。ニーマン・マーカスでの立ち上げ成功を受けて、同じく高級デパートのバーニーズとノードストロームとも契約を結び、ついにはサックス・フィフス・アヴェニューとブルーミングデールズにも卸すことになった。ニーマン・マーカスでの受け入れがどれほど幸運だったことか、このときになって身にしみて実感した。ニーマン・マーカスで扱われるようになったおかげで、ブランドに高級感が生まれ、それが他の小売店にも魅力的に映ったのだ。

だが、卸売販売には独特の課題も伴った。マンハッタンの店舗ではミリアムが小売環境のすべてを取り仕切ることができた。顧客体験の一つひとつを管理できたし、ミリアムは細部にわたって精密なプランを持っていた。だがデパートでは、ブランドに同じ雰囲気を持たせることができない。デパート全体に流れる高級な雰囲気がプラスに作用し、高価な商品の売れ行きにも好影響をもたらしたが、商品販売に関する決定権はデパートにあったからだ。マンハッタン以外では直営店を運営していなかったので、余計に店内ディスプレイが重要な意味を持っていた。

結果的に、二人は直営店の拡大を再開することにした。全国のショッピングモールにジ・アート・オブ・シェービングの店舗を開いていけば、ブランドの管理を維持すると同時に、デパートでの商品需要も刺激していけると期待したのだ。そこでエリックが先頭に立ち、二〇〇三年のラスベガス店オープンから、二〇〇六年九月のサンフランシスコ店に至るまで、広範囲な店舗拡大を進めた。二〇〇六年末には国内で十七店舗を本格的に運営するようになる。二〇〇七年末には、その数は二十七軒に増えた。

私がマイアミで会ってから一カ月後、二人は新しい女性向けシェービング用品のマスコミ発表のため、ニューヨークを訪れた。その発売数日前に、レキシントン・アヴェニューと六二番通りのあいだで、私は偶然にミリアムと出くわした。そのまま、前からの約束どおり、一号店であるレキシントン店を見せてもらうことになる。開店当初から十年経った今もほとんど変わっていない――大きな違いは、現在売られている商品が、すべてジ・アート・オブ・シェービングのオリジナル・ブランドだという点だ。本当に小さい店なのに、その狭いスペースを店舗として成り立たせている独創的手腕に感銘を受けた。アンティークの理容店用の椅子は、一九九六年に初めてシェービング・イベントを開催したときから置いているもので、革の香りがこちらの鼻孔をくすぐる。ミリアムは、まもなくメディアに紹介する予定の女性向け新商品を披露した。二十二歳で、英語も流暢ではなく、店の将来も見えなかった頃の彼女の姿を今のミリアムに重ねるのは難しい。自信こそ、彼女の最も顕著な特徴だ。そして驚くほどのフレンドリーさも兼ね備えている。だが、店舗で扱う全商品が希望どおりになるまで、彼女はひたすらに努力を続けてきたのである。

ショーケースに飾られたシェービング・スタンドの位置をチェックしているミリアムに、ダウンタウンでマスコミ発表の準備をしているエリックから電話がかかってきた。会話をしながらかすかに笑顔を浮かべ、私に手を振って店を離れた。

彼女の胸では、王国の足場を広げる準備はもうすっかり整っているのだ。

第 5 章

The Pugilist

闘う人

ガート・ボイル

スポーツアパレル

コロンビアスポーツウェア

Columbia Sportswear

ガート・ボイルは指を一本立てて振って見せた。彼女の有名な仕草だが、読書用のメガネ越しに眼光するどく相手を見つめる癖も、負けず劣らずよく知られている。ガートが最近この指先を向けた相手は、マイクロソフト創業者のビル・ゲイツだ。ウィンドウズ・ビスタの立ち上げで、品質は重要かとゲイツが尋ねたときのことだった。この質問は、品質にこだわる彼女に対して意図的に投げられた「予定調和の問いかけ」だったのだが、ガートはすぐさまその球を叩き返した。「品質は重要ではありませんよ。最重要です」と彼女はゲイツに説いてきかせた。

「お客一人を失望させたら、絶対に取り戻すことはできないんですからね」

ゲイツは快活な調子で同意したが、おそらく彼女の言葉に一瞬たじろいだのではなかっただろうか。彼女は相手にそうした反応をさせる力を持っているのだ。

ありがたいことに、ガートは私に向かって指を振ったのではなかった。不快感を示した対象は私ではなく、閉ざされた扉だ。いや、むしろ、扉の向こうの古い記憶に向かって、と言うべきかもしれない。

「そこが私のオフィスでした。そこでコロンビアとともに最初の三十年間を過ごしました。あの会合も、そこで行われたのよ」

問題のオフィスは、もはやガートの部屋ではない。コロンビアスポーツウェアのオフィスですらもない。だが、家族のものであることは変わりがなかった。建物は今、ガートの娘夫婦が経営するムーンストラック・チョコレート・カンパニーの拠点となっているからだ。小ぎれいだが平凡なレンガ造りの三階建てで、ガートが自分の手で一九五七年に植えた白樺とポプラに囲まれている。建物があるのはオレゴン州ポートランドのダウンタウンから車で三十分ほどの産業地域。ウィラメット川にかかるセント・ジョーンズ橋のふもとで、多数の倉庫や小さな工場が立ち並ぶ一帯の中心だ。一九九六年にムーンストラック社のものとなるまで、そこはコロンビアスポーツウェアが所有する場所だった。ガートが事業構築に携わり、社長兼CEOに就任して、売上八十万ドルから五億ドルにまで育て上げた会社だ。現在では、二十一歳の誕生日から従業員として働きはじめた息子のティム・ボイルが、十二億ドル規模の株式企業となった同社を経営している。八十三歳のガートは会長の座に座り、おもに広告宣伝に関する業務を管轄しているが、今でも週に四十時間は仕事に捧げ、発行するすべての小切手にサインをしている。

あの会合――ガートがそう表現した出来事は、扉の向こう、もとは彼女のオフィスだった部屋で行われたやりとりのことだ。それが、彼女が築いた会社に関する多くを決定した。ガートが偶然のなりゆきでコロンビアスポーツウェアのCEOとなってから一年後、一九七一年の夏のことだ。その日、ガートはもう少しで事業売却に踏み切るところだった。会合が予想どおりに進んだならば、彼女の人生は大きく異なっていたに違いない。

コロンビアスポーツウェアは一九三八年、コロンビア・ハット・カンパニーとして誕生した。ガートの父のポールはその年に、妻と二人の娘を連れて、ナチが支配するドイツを逃れポートランドに移り住んだ。ポールはドイツでシャツの製造工場を経営し、成功させていたのだが、それを手放してこなければならなかった。ナチ政府は、ユダヤ人がドイツから二十ドル以上の現金を持ち出すことを禁じていたからだ。ユダヤ人の資産が国外に流出しないようにして、ナチの富を潤していたのである。ゆえに、アメリカに到着したガート一家は多数の家具や衣服を携えていたが、流動資産は一切持っていなかった。幸い、ポールの母（ガートの祖母）が数年前にアメリカに移住していたので、家族にお金を貸してくれた。そのささやかな資金で家族の住む家を借り、小さな帽子店ローゼンフェルド・ハット・カンパニーを買い取った。そうして新しく手にした事業をコロンビア・ハット・カンパニーと改名。そのほうがアメリカ人らしいと感じたからだ。社会的地位のある男性は必ず帽子をかぶっていた時代だ。帽子屋を買ったのは、安全な投資だった。

その頃のガートはまだ十代だった。否応なくアメリカ社会に放り込まれたものの、英語がおぼつかなかったせいで、学校では一年生のクラスに入れられ、自分の半分以下の年齢の子供たちと一緒にされた。彼女は努力して、わずか二週間でそのクラスを抜け出し、七年生のクラスに入った。そして週末はいつも父の店で働いた。アリゾナの大学に進学してオレゴンを離れたが、卒業後は夫ニールを連れてポートランドに戻る。婿養子となった夫が家業を継ぎ、ガートは生まれたばかりの息子ティムの子育てに専念して、さらに二人の娘を出産した。

一九五〇年代になる頃には、帽子の人気は翳りはじめていた。アパレルビジネスの大きな革命――オーダーメイドではない既製服の進化がその傾向を後押しした。技術進歩によって一般的なサイズの衣料品の大量生産が可能になったので、服は安くなり、カジュアルな服装が増殖した。カジュアルなコーディネートには帽子はほとんど必要なかったため、業界は低迷しはじめる。ポールとニールは早い段階でそうしたトレンドを認識し、コロンビア・ハット・カンパニーの取扱商品拡大を進めていた。訪れる客の多くがアウトドアを好む男性であったことに目をつけ、狩猟や釣りやスキーをする際のアウトドア・ウェアの販売を手がける。一九五九年には、スキーグローブのサプライヤとのトラブルを受け、オリジナル商品の製造を始めようと決意した。そうして、コロンビア・マニュファクチャリング・カンパニーという新規事業を立ち上げる。一年後にはその製造会社と帽子販売店を合併し、コロンビアスポーツウェアとしてスタートさせた。

ガートは事業にかかわっていなかったが、一九六〇年代初期に、コロンビアスポーツウェアに対してある重要な貢献をしている。当時、フライ・フィッシングを楽しむときは重いタックルボックス（釣り道具を入れる箱）を川の中まで持ち運ばなければならなかった。ある晩に仕事から戻った夫のニールが、客に吹き込まれたアイディアを何気なく口に出した。別のメーカーから出ているマルチポケットのベストを見てきた客が、コロンビアはフィッシング用ベストを作らないのか、と尋ねたというのだ。釣り針、ルアー、スピナー、フライ、釣り餌など、魚釣りに必要な小道具を入れられるだけのポケットがついたベストを着ていれば、箱は川岸に置いておける。そんなベストを縫えるかと問われたガートは、数週間かけて試行錯誤を重ねた。途中で夫や友人たちの意見を取り入れて、フライやルアーをポケットの外側に固定するための磁石や、フライを結んでいるあいだ竿をひっかけておくカーテンフックなど、独自の工夫も盛り込んだ。

そうして生まれたコロンビアスポーツウェアのフィッシング・ベストは、創業以来、最高のベストセラーになった。この一件からニールとガートは、客の声に耳を傾けて、そのニーズを満たす独自の商品をデザインする作業にチャンスが眠っていると学んだ。また、コロンビアスポーツウェアを十億ドル規模のビジネスへと変えていくことになるニッチ市場を特定した。既存商品に着目し、その利便性と強度を高めて、リーズナブルな値段で販売するのだ。フィッシング・ベストの発明に続き、雨具を発売したところ、頑丈さと耐久性が有名になった。販売する小売業者を次々と増やし、まもなく工場と倉庫と事務所を兼ねた新しいビルを購入するに至る。そこはかつてマラスキーノチェリー（シロップ酒のサクランボ）の缶詰工場だったため、息子のティムは、工場の床や壁からサクランボの匂いを洗い落とす作業に追われて青春時代を過ごした。

一九六四年、ガートの父ポールが心臓発作で倒れ、病院に運ばれてしばらくもしないうちにこの世を去る。娘婿のニールは三十八歳の若さで、年商四十万ドルの事業を引き継ぐことになった。ガートの母がCFO（最高財務責任者）となり、発行するすべての小切手にサインして今後の資金繰りを管理していきたいと宣言した。それから五年以上にわたり、ニールは積極的に事業拡大を推進し、営業を増員し、扱う商品の数を劇的に増加させていった。

一九七〇年には、コロンビアスポーツウェアの足場はかなり安定していた。小さいながらも、釣りやスキーや狩猟を愛する消費者には評判の高いメーカーとなっていた。わずかだが黒字経営も維持していた。ニールにはさらなる拡大計画があり、資金として、自宅とガートの実家――まだ母が住んでいた――を担保に、中小企業局による貸付（SBAローン）で十五万ドルを確保していた。息子のティムは大学卒業が間近で、同年十一月には結婚もしていた。決して裕福とは言えないまでも、支払いに困ることはなく、先行きは明るいと思えた。

ところが、一九七〇年十二月四日の朝、すべてが変わった。仕事に出ようとしていたニールは、ふいに胸に痛みを感じる。ずっと健康に過ごしてきて、大人になってからの重い病気といえば発熱くらいしか経験がなかった彼は、その痛みを無視しようとした。しかし痛みはさらにひどくなり、ガートに頼んでかかりつけの医師に連絡した。今すぐ救急治療室に運ばなければならないと言われたガートは、ニールと十二歳になる娘のサリーを車に乗せ、病院へと走らせる。だが、赤いコンバーチブルのムスタングの座席で、ニールは息を引き取った。四十七歳だった。

三日後、ガート・ボイルはコロンビアスポーツウェアの社長兼CEOになった。結婚してからの二十二年の人生を、母として、主婦として生きてきた彼女は、正社員として働いた経験すら一度もない。初日は息子のティムが大学を休んで母を支えた。ガートは従業員に向かって、会社はこれからも続いていくこと、皆の助けが必要であることを話した。

だが、その日はCEOとしての惨憺たる一年の幕開けだった。一カ月も経たないうちに、年に一度の棚卸しを指揮しなければならなくなった。社員の一人がニールの仕事を引き継ぐと申し出て、条件として給料の倍増を求めた。ガートは昇給を受け入れたが、棚卸しが完了して数週間後にはその女性社員をクビにした。会社経営のトレーニングを受けたこともなければ経験もなかったガートだが、自分は誰にも利用されたりはしないと心に決めていたのだ。ティムは法曹への道をあきらめ、大学卒業と同時に母の補佐役として働きはじめた。当時二十一歳だ。この難しい選択について尋ねると、本人は次のように語った。

「あの頃は四十五万ドルの負債を抱えていたんです。母と祖母の家はローンの抵当に入っていました。事業が失敗したら、家族は破滅です。他に道はなかったんですよ」

ガートの悲嘆を深めたのは、亡き夫ニールがビジネスマンとしての才覚に欠けていた事実が次第に認識されてきたことだった。彼は非常に細かい点まで管理したがる性質で、事実上コロンビアスポーツウェア全従業員の日々の業務を指示していた。そのため、緊密な指示なしで仕事をすることに慣れていない従業員も少なくなかった。また、ニールの進めた事業拡大は、まるで脈略をなしていなかった。数百種類もの商品を出していたが、多くが赤字だ。ニール自身が節約家ではないため、資金繰りはつねに綱渡りの状態だった。そのニールの未亡人で、しかも経営経験のない女性に対し、当然ながらサプライヤは付け売りを嫌がった。コロンビアはたちまち窮状に陥った。現金がなければ、衣料品も、商品を製造するための原材料も買えない。商品がなければ、材料を調達するだけの収益を出せない。ガートがコロンビアを取り仕切るようになってから最初の一年間の売上は二五％以上も落ち込んだ。

ガートは一年の終わりを待たずに、事業を売却せざるを得ないと判断するに至っていた。経営経験もないし、ベンダーや小売業者や従業員がこぞって自分の無知につけ込んでくる。売上は八十万ドルから六十万ドルにまで下がり、銀行からは売却を検討しないなら融資を引き下げるという脅しも受けた。そこで銀行の手を借りて売却先を探したところ、すぐにいい取引先が見つかった。衣料品業界での経験が豊富な地元の企業幹部が、コロンビアに悪くない値をつけたのだ。ガートにとって「悪くない」値とは、すなわち、ＳＢＡローンと銀行からの債務を片づけ、一番幼い娘サリーを抱えて生計を立てるための職を見つけるべく、数カ月は収入の心配をせずにいられるだけの現金を手に事業から退けるだけの金額を意味していた。

先ほどガートが指先を振って示してみせた部屋は、買収せんとする企業幹部との最終会合が行われた場所だ。これまでも数々の企業との買収をまとめてきた人物だったが、契約書にサインせず、まずは条件の再交渉を始めて、ガートを驚かせた。

「私は在庫のすべてが欲しいわけではないし、このビルを丸ごと買い取りたいと思っているわけではない」

相手はそう宣言し、買収金額から差し引く項目を列挙しはじめた。ガートはあっけにとられたが、自分も提示額の引き下げによる影響を計算する。そして、正味一四〇〇ドル程度でコロンビアスポーツウェアの引き渡しを求められていることを理解し、ショックを受けた。売却で債務は何とか片づくとしても、事業の価値はそんなものではないはずだ。

そこでガートは、自分が正しいと信じる行動に出た。あざやかで、誤解の余地のないはっきりした表現で、考えを率直に伝えたのだ。最後に放ったセリフは「そんな金額なら、私がこの手で会社を潰したほうがマシです」だった。そして指先をドアに向けて振ってみせた。ガート・ボイルはコロンビアスポーツウェアを売却せず、買収するはずだった相手を議論から文字どおり追い出したのである。

二〇〇七年の今、目の前にあるオフィスのドアから一九七一年の姿を想像するのは簡単なことではない。一番の要因は、建物自体がムーンストラック・チョコレート社によってきれいに改装されてしまっているからだ。一階と二階が吹き抜けになり、二階にある役員会議室から地下の製造エリアを見渡せる印象的な造りに変わっている。置かれている付属品の類は今も実用的なものばかりだが、四十年ほど前と比べればはるかにスタイリッシュだ。しかもムーンストラック社はメディアの寵児で、明るい雰囲気があり、飛躍的な成長を遂げてきた企業である。一九七一年末時点のコロンビアスポーツウェアに垂れ込めていたに違いない悲壮感は、その片鱗すらも見られない。

コロンビアスポーツウェアの売却交渉決裂を境に、ガート・ボイルという女性は変わった。自分につけ込もうとする傲慢な男に屈辱を味わわされたことで、逆に継続する決意が固まったのだ。銀行側は、彼女の中に以前は見られなかった活気を感じ、半年間の融資継続に同意した。また、コロンビアのために顧問委員会の設立を申し出た。それまでのガートは外部顧問の受け入れをかたくなに拒否していたが、今回はすぐさま受け入れる。また、同じくオレゴン州のビーバートンに新しく生まれたシューズメーカー、ナイキも同じ銀行から融資を受けていた経緯で、数週間後にはコロンビアの顧問委員会のメンバーにナイキ上級幹部の参加が決まった。

委員会がもたらした貴重な指摘は、「コロンビアスポーツウエアは商品の幅が広すぎる」という見解だ。製造している商品の多くが「右にならえ」のアイテムで、他のメーカーが作っているものと何も変わらない。扱う幅を思い切って減らし、コロンビアのユニークな商品と言えるものに限定すべきではないか。ガートはこのアドバイスを受け入れた。ニール・ボイルのもとで最後に発行したカタログは四十ページもあり、野球のバットから雨具まであらゆる品物を取り揃えていた。改革後は、カタログを十二ページにとどめ、商品数を半分以下に減らした。よく売れる商品、コロンビア独自の商品に絞った。ガートが十年前にデザインしたフィッシング用ベストもその一つだ。

アイテムを減らしたことで、会社のスリム化が可能になった。経費がかかりすぎているし、仕事に貢献してない従業員も多い。そこでガートは、能力のない人材や、彼女がニールの後を継ぐことに賛同しなかった人材も含めて、三分の一以上を解雇した。その中の一人が、例の売却交渉の相手と結託していて、在庫や売上や従業員の士気に関する詳細情報を流していた事実は、あとから知った。人員の整理が終わると、残った従業員を集めてこう語りかけたという。

「私たちは今後もこの事業をやっていきます。もう少しで売却するところでしたが、こうして踏みとどまりました。ついてきてくださるなら、必ず皆さんを大事にします」

社内の雰囲気は変わりはじめていた。従業員の目に映るのは、背の低い太り気味の主婦ではなくなった。ガート・ボイルという人間を理解するようになったのである。

はたして、社内の変化は業績となって表れた。ガートが細部に目を配ったのも奏功した。彼女は母親から裁縫を習い、夫の死の翌週から工場勤務に加わっていた。一時期はティムと二人で夜勤を一手に引き受け、交代でどちらかが幼いサリーの面倒を見ていた。

「毎晩毎晩、『どうか神様、サージャーが壊れたりしませんように』と唱えていたんですよ。サージャーってご存じ？　布がほつれないように巻き込む機械のことよ。糸の装着方法なんてわかりませんでしたからね」

裁縫作業は、デザインの構造と弱点に対するきわめて細かい理解をもたらした。彼女はスポーツをやらないし、クリフバーのゲイリー・エリクソンをはじめとする本書に登場する他の企業家と違って、自分自身が自社商品のメインターゲットではない。だが、大恐慌を通じて身につけた価値観があったし、高品質と低価格が両立し得ないとは信じていなかった。縫製の甘い衣類やデザイン性の低い衣類も耐えがたいが、それ以上に値段が不当に高すぎる商品には、これ以上我慢ができないし、作りたくもない。自分の扱う商品なら、最後のひと針まで確認できる。だが、自分は商品を改善していくための専門家ではないとわかっていたので、顧客にアドバイスを求めることにした。

そうしてコロンビアスポーツウェアは、意見を商品に反映するべく「一番の顧客」を集めはじめた。コロンビアにとって「一番の顧客」とは小売店オーナーだ。スポーツ用品店のオーナーは、顧客と同じくらいアウトドア・スポーツへの情熱を持っている。スポーツについても、客のニーズについても熟知している。ガートはこうした男たちの力をデザイン工程に組み入れた。その戦略には二つのメリットがあった。一つは、各小売店が商品を販売している何千人という消費者の知恵――野外で長年にわたって培われた個人の知識という財産――を集められること。そしてもう一つは、商品デザインに協力した小売店オーナーらがコロンビアの事業に対して思い入れを感じてくれることだ。

真のイノベーション価値を持つ、ひと握りの商品に専念したコロンビアスポーツウェアは、その成果を足がかりに事業の拡大を始めた。一九七〇年代半ばには、ニールのもとにあった時期よりも、破産の脅威を退けたときよりも、何倍も大きく成長していた。戦略もさらに明確化し、スキーや狩猟や釣りのためのアウトドア・ウェアに焦点を置きつづけた。その分野では、デザイン性にも耐久性にも優れた革新的商品を手頃な価格で売るブランドとして広く知られるようになった。高級市場では、商品は「お値段しだい」なのだから、品質とはすなわち価格である、と見られていた。だがガートは、デザイン性過剰の商品に高すぎる値段を払っている例が少なくないと考えた。彼女のとった姿勢は、高級市場が築いた神話を打ち砕く、素晴らしい戦略だったのである。

高品質・低価格戦略が吉と出るかどうかは、低コストで品質を維持するという難易度の高い課題の成否にかかっていた。ガートは自ら工場で働き、製造の実態を正確に把握するとともに、母親と同様にすべての小切手に自分でサインし、支出を管理することで、その難易度の高い作業に立ち向かった。ティムは販売と流通に重点を移し、ガートを伴わず単独で見本市にも出席するようになった。

「私は、ティムと一緒に見本市には一度も行きませんでしたよ。母親がうしろからついてまわって監視するなんて、嬉しいわけがありませんからね」

実際、ティムは早い段階でスキー業界の大物と接触するチャンスをつかんだ。老舗のスポーツウェア・メーカー「ホワイト・スタグ」を創立したハロルド・ハーシュだ。ハーシュはティムの父ニールと知り合いで、友人の息子がどうしているか気にかけていた。ガートは、ハーシュのことを「ミスター・スキー」と表現している。

「スキー業界のことなら何でも知っておられました。私たちのいきさつも、夫に何があったかもご承知で、ティムを可愛がってくださったんです」

ホワイト・スタグは当時のスキー・アパレル・メーカー最大手の一つだった。そのホワイト・スタグのハーシュが、誰の目にも明らかな形でティムを応援していたことで、小売店主らの信頼につながり、すぐにコロンビア商品の流通が拡大した。堅調な売れ行きを見せる基本商品と、小売店のサポートという二つの武器を得たわけだが、唯一、トップセラー・ブランドとなるための飛躍的ヒット商品に欠けていた。

そのコロンビアスポーツウェアを世界一流のブランドへと押し上げたのは、一九八〇年代初期に誕生したスキーウェアである。これは、ウェアの素材を多重にするアイディアを採用していた。一枚の服に断熱性と防水性を持たせるのではなく、何枚も重ねた構造にして、さまざまな天候でも重ね着を調整して着られるようにする。当時はごく少数の高級ブランドがそうしたスキー用品を販売していたが、パーカー一枚で二五〇ドル以上もした。そこへコロンビアが一九八二年に「クオードパーカー」という商品を発売。既存の重ね着式スキーウェアと同じ耐久性がありながら、人間工学に基づいた優れた機能性を備え、価格はわずか一〇〇ドルだ。クオードパーカーの成功で、テレビコマーシャルを出す資金的余裕が生まれた。これが、その後に誕生する画期的ヒット商品の布石となったのである。

＊＊＊

私たちはコロンビアスポーツウェアの古い工場をあとにして、ガート自らが運転するBMWX－5で新しい本社へと向かった。二〇〇二年に本社をオレゴン州ポートランドへ移転させた理由は、もともとの工場が小さくなってしまっただけではなく、敷地自体が足りなくなってしまったためでもあった。工場、倉庫、流通スペースを広げるべく、コロンビアは長年かけて当初の工場の周りで建物を買い足していった。しかし成長はとどまるところを知らず、もっとアクセスしやすい場所が必要になった。移転にあたっては流通拠点と運営本部を区別し、前者としてはポートランドから車で三十分の場所に巨大な流通センターを置いた。後者は新しく魅力的な建物で、正面にアヒルの泳ぐ池があり、駐車場の前には「ママ・ボイルの国にようこそ」と書かれた看板が立っている。建物に入ると、中央の受付デスクのうしろに、ローゼンフェルド・ハット・カンパニー時代から使っている金庫が置いてあるのが見えた。ガートによると、今でも重要な書類はそこに保管しておくのだという。建物に流れる雰囲気も、従業員の様子も開放的で明るい。そして、どちらを向いてもガートの写真や肖像画が飾られている。

実際、ガートのオフィスに到着するまでに、写真や絵からこちらを見下ろす十人以上のガートとすれ違った。しわの刻まれた厳格な顔は、コロンビアスポーツウェアの開放的で風通しのいいオフィス設計とは奇妙に対照的だ。社内では、信じられないほど健康そうな若い男女が両手いっぱいの試作品を持って飛び回っている。ガートの写真を使った印刷広告——荒れ模様の空をバックに、節くれだった樫の木の枝のもとにいるガートをあおって撮った写真で、「彼女のポットロースト〔蒸し焼きにした肉料理〕と同じくらい、いつでもあたたかく、ドライに」という見出しがついている、ポスターサイズの広告だ——を眺めていると、急に記憶が翻って、かつて訪れたハンガリーのブタペスト郊外の彫刻公園が思い出された。公園には冷戦の面影を残す彫像が数多く置いてあった。こちらを不安にさせるようなガートの厳しいまなざしが、スターリンやレーニンなど共産主義指導者の姿を思わせたのだ。スターリンたちは超人的なまでの力強さを誇示していた。ガートがコロンビアスポーツウェアにもたらしている影響は、もっと好ましい影響ではあるものの、彼らと大きくは違わない。コロンビアで働けば、直接的にも間接的にも、つねにガートのまなざしに見守られる。一九七〇年代には、それはまさに比喩ではなかった。工場の作業場から倉庫、管理室に至るまで、ガートはそこら中に姿を見せた。現在はその存在感が、ガートの価値理念——具体的には「アウトドア、アクティブ、オーセンティック、アメリカン、バリュー」の五つだ——を象徴するシンボルとなっている。コロンビアで働く従業員は、べっこう縁の読書用メガネ越しに凝視するガートの顔を見ていると、自分が永続性のある商品をデザインしているか、不必要なコストをかけていないか、自問自答せずにはいられなくなるのだ。

こうしたカリスマ性が、社内の士気だけではなくマーケティングにも表れるようになったのは、一九八四年になってからのことだった。その年、初めてコロンビアスポーツウェアのテレビコマーシャルが流れた。これ以降、数十年にわたってさまざまなバリエーションが作られ、二十世紀を代表する象徴的コマーシャルの一つとなっている。設定はどれも同じで、コロンビアスポーツウェアの商品の耐久性をテストするため、ガートが哀れな息子のティムをいじめるというストーリーだ。あらゆる悪天候の中でティムが屋外に閉め出されたり、スケートリンクの下に埋められたり、ガートの運転する製氷車に轢かれたり、洗車機に通されたり、吹き矢の的になったり、カナダのユーコンに放置されたりする。

キャンペーンを制作したのは、ポートランドを拠点とする小さな広告会社、ボーダーズ・パーリン・ノランダー。ガートの息子ティムが一九七〇年代後半にこの広告会社に起用し、コロンビアスポーツウォーターの新しいロゴを作らせた。一九八〇年代初期には、「私たちはデザインするのではなく、設計するのです」というコピーで限定版の広告を出している。テレビコマーシャルを流すと決めた一九八四年の時点では、それまで以上に積極的な宣伝をしていく余裕もできていたし、新しく生み出した多層システム――重ね着したパーカーをジッパーで着脱する――に対する関心を構築したいという意欲もあった。

制作にあたって参考にしたのは、鶏肉加工業者パデュー社のコマーシャルだった。「柔らかい肉を作るのは強い男」という謳い文句で、創業者フランク・パデューが出演している。広告会社の制作担当者は、スポーツウェア・メーカーのほうが、タフな創立者の姿を示すにふさわしいと考えた。そしてガート・ボイルは、まさにタフな創立者と表現するのがぴったりの人物だ。

「我々が初めてティムに会いに行ったとき、ガートも飛び入り参加してきた。廊下の向こうから我々が来るのを見ていて、何が始まったのか知りたがった。コロンビアと仕事をするなら彼女とかかわらずにはいられないんだ、ということがわかったよ。ガート・ボイルは、話を進めるにあたって欠かすことのできない存在だった」

スポーツウェア業界全体の中でも、ガートとティムのつながりは非常にユニークだ。そう実感した制作担当者は、広告に人間的な顔を与え、家族経営の企業であることを表現したいと考えた。同時に、コロンビアスポーツウェアが徹底的に品質を重要視する企業であるという主張も打ち出さなければいけない。解決策が、ガート・ボイルその人を出演させることだった。

本人は広告の顔にはなりたがらなかった。自分がテレビ映えするとは思えないし、演技の経験もない。だがティムがすぐさま、母を納得させる主張を思いついた。自分たちで出演すれば、タレントに出演料を払わなくて済むではないか。こうして制作されたコマーシャルの放送が始まると、すぐにコロンビアスポーツウェアの事業に影響が現れた。売上高複利成長率（五年平均）

は四四％も伸びた。広告は強い説得力を持っていたのだ。コマーシャルに登場する恐ろしく厳しい母親がコロンビアスポーツウェアの経営者だと知った消費者は、その商品は頑丈でお買い得だと確信するようになった。ガート・ボイル自身が強さと倹約を体現していたからだ。

ガートが象徴的な存在になり、現在の本社にも漂うカリスマ性と崇拝が生まれたのは、このコマーシャルがきっかけだった。数多く制作された映像の一本に、彼女がバイク集団とともに登場し、肩に「生まれながらの小言屋」というタトゥーが入っている、という作品があった。今日でも、有名人を含め知り合う相手から頻繁に、タトゥーを見せてほしいとせがまれるという。彼女は「一度目のデートでは見せませんよ」と答えることにしている（私には、あのタトゥーは偽物だったとすぐに教えてくれた）。コロンビアスポーツウェアの成功の中で一番楽しかったことは何だったかと尋ねると、ガートはためらいなく「お金ではありません」と答えた。

「お金は人を幸せにはしませんよ。苦労がしのぎやすくなるだけです。嬉しかったのは評価です。私が始めたときには、スポーツウェア・メーカーを経営している女性なんかいませんでしたし、こうして認められているというのは気持ちのいいものですからね」

彼女は明らかにコマーシャルがもたらした注目を満喫しているし、会社の長としての役割を楽しんでもいるのだ。

＊＊＊

コロンビアスポーツウェアの空気に触れれば触れるほど、その社風に対してガートが果たしている役割への興味が増してきた。彼女はＭＢＡも取得していないし、経営に関するトレーニングも受けていないし、他人の下で働いた経験もない。直感、価値観、正義感に基づき本能的な決断を下す。本書に登場する他の企業家たちと同様に、要求が厳しく細部にこだわる完璧主義者だ。知識の最大の源は母としての知恵である。その経営スタイルが「母らしい」と表現され、彼女が「(会社の)ママ」と呼ばれる所以だ。

現在八十三歳となるガート・ボイルは、朝はだいたい一番に出社する。毎日職場に姿を見せ、正社員と同じ勤務時間で働く。一九八九年にはＣＥＯの座を息子のティムに譲ったので、今の業務は大半が広報関連の仕事だ。あちこちへ出張しており、私が取材した日の前の週には新規開店のためにパナマに赴いていたし、一カ月後にはオーストリアに行くと言っていた。だが、彼女が今も変わらず続けている作業は、社内のほぼ全社員と何らかの形で直接の接点を持つことだ。私がコロンビアスポーツウェアを訪れた水曜日は、彼女が小切手にサインをする日だった。私の取材を受けながらも、手が空くと小切手の確認作業を続けていたし、何度か社内放送で担当者を呼び出し、報告を受けていた。イノベーション担当副社長のダグ・プレンティスに、この呼び出しは何かと尋ねてみると、彼は「経費報告書について質問するために、オフィスに呼ぶんです」と笑顔で説明し、こうも付け加えた。

「誰かが彼女の目を盗んで何かをしようとすると、不思議な力で絶対に気づいてしまうんですよ」

プレンティスは、デイヴ・ロビンソンという人物のエピソードを話してくれた。ロビンソンは狩猟と釣り用品部門の営業部長として採用されたのだが、自分自身も熱心な狩猟愛好家で、頻繁に常連客を連れて狩猟旅行に行っていたという。あるとき、客の一団を連れて鴨撃ちに行ったのだが、その日の天気はひどい雨降りで、気温も低く、コロンビアの雨具の威力を見せるにはうってつけだった。その旅行から戻って数日後に、ロビンソンはガート・ボイルから緊急呼び出しを受ける。人生の大半を武器を携え動物を追いかけて過ごしてきたというのに、当時の上司だったダグ・プレンティスと一緒にガートのオフィスに赴いたロビンソンは、文字どおり震え上がっていた。ガートは例のメガネ越しにロビンソンを見上げ、「これは一体どういうことです?」と問い詰めた。理解できずにいると、ガートは「これですよ!」と声を荒げた。振って見せた指の先にあるのは、旅行のために買い物をした食料品店のレシートだ。

「私はあなたの快楽のために支払いをする気はありません!」

雷を落とされ、レシートに目を通したロビンソンは、すぐに顔を真っ赤にした。ガートが指していたのは、二箱のコンドーム代として記された五ドルの代金だったのだ。数秒ののちに、なんとか平常心をかき集めたロビンソンは、口ごもりながらこう言った。

「狩りに出る際、雨が降っている場合は、それを銃身にかぶせて泥が入らないようにするんです」

その答えに納得したガートは、短くうなずいてみせ、追い払うようにロビンソンを解放した。

ガート・ボイルを典型的な厳しいボスとして描くのは簡単だが、彼女は決して、単に従業員を怖がらせるだけの存在として知られているわけではない。その厳しさにはつねに意味があり、価値がある。だが、一般的な企業幹部と彼女を隔てている違いは、そうした厳しさだけではなかった。ガートが会社のために生み出してきた個性にはもう一つ別の側面があるのだ。プレンティスは、こんな逸話を披露して説明した。

「私は二十九歳からここで働きはじめました。ミネアポリスから引っ越してきたのですが、妻が飼犬を連れてこちらに移るまで六週間かかったので、その間の私はミネアポリスとポートランドを往復していました。二週間が経った頃、ガートが私に、今はどこに宿泊しているのかと尋ねたのです。そして、自分は数週間の出張の予定が入っているからと言って、自宅のカギを私に預けてくれました。『モーテルにお金を払うなんて無意味ですよ。家は空いていますから、使いなさい』と。そこで私は、彼女の家で十日間生活しました。ティムが育った家です。私はティムの部屋に寝泊りさせてもらいました。まだ勤めはじめて一カ月にもなっていなかった頃の話ですよ。それなのに、もう信頼してくれていたのです」

ガートは会社を、会社というよりも家族のように築き上げていった。顧客も従業員も家族の一員だった。厳しい母親であると同時に、公平でもあった。ガートは、はっきりとした信条を持ち、それは何があっても揺らぐことはなかった。ひとりの社員は「ガートは私たちに、つねに価値について考えさせました」と話している。

「顧客に優れた価値を提供しているかどうか、いつも気にしていたんです」

だが、そうした神話の陰の本人は、実は第一印象で思うよりもはるかに親しみやすく、ユーモアさえ備えた人物なのだ。取材を録音してもいいかと私が尋ねたときは、彼女はすぐに「もちろんんいいですよ」と答えた。

「汚い言葉を使ったときは、省くか、あるいは逆に伏字などせずにしっかり書き記してくださいね！」

そうした気さくな冗談は、一日に何度も彼女の口から飛び出してきた。

一九八六年、コロンビアスポーツウェアは新しいスキーウェアを開発する。女性向けの明るい色合いを組み合わせたパーカーで、名前は「バガブーパーカー」だ。先に発売されたクオードパーカーと同じ着脱可能な重ね着構造だが、よりスタイリッシュで、革新性があり、魅力的だった。スキーヤー向けの商品という点も重要だった。スキー市場は着実な成長を続けているところだったからだ。バガブーパーカーはコロンビアスポーツウェア最大のヒットとなった。同年に六十五歳だったガートはＣＥＯの座を降り、息子のティムに仕事を引き継がせて、自分は会長となった。

取材の日、私たちはコロンビアスポーツウェアのカンファレンスルームで昼食をとった。運ばれたサンドイッチを口にしながら、ガートがいつもそうするように、互いの仕事を続ける。今日の小切手確認は進んでいるのか、と尋ねると、彼女は満足げに「今日、まだサインをしていないのは二枚だけですよ」と言った。とはいえ、十二億ドル規模の会社の給与支払い、経費支払い、サプライヤへの支払いを、どうして一人でさばいているのだろう――何度も頭に浮かんだ疑問を再度思い返してみて、私は初めて気がついた。従業員、業者の一人ひとりが、渡された小切手を現金化するたびにガート・ボイルの掲げる理念を思い起こすよう、あえて自分で作業しているのだ。

コロンビアスポーツウェアの最も興味深い特徴は、ガートとティムのつながりである。本書に登場する〈アクシデンタル・ブランド〉の半分以上が家族の支えを受けているが、そのほとんどが夫と妻という組み合わせだ。ジ・アート・オブ・シェービングとベイビー・アインシュタインの場合は、妻が創業し、一年以内に夫が正社員として事業に加わった。J・ピーターマンでは、ピーターマンの妻オードリーがカスタマーサービスを担当していた。栄養補助食品クリフバーの創業者であるゲイリー・エリクソンには妻のキットが当初から貢献し、時間の経過とともに事業へのかかわりを深めて、現在は共同CEOとして大きな役割を果たしている。母と息子という組み合わせは、コロンビアスポーツウェアだけだ。ガートはこの点について簡潔にコメントした。

「青年が父親と働いているといえば、誰もが『それは素晴らしい！』と言います。ところが母と働いているというと、『おいおい、どうしてそれでやってられるんだ?』と言われるんですよ」

母息子で働くのはどんな具合か、ティムとガートに別々に尋ねてみたところ、驚くほど似通った答えが返ってきた。

「簡単ではありませんよ。家族のメンバーと一緒に働くというのは、お互いの内面の変化にもかかわってきます。事業が大きくなるにつれ、母と私は互いにあまり干渉しないようになりました」

ティムが笑顔で言う。ガートもほぼ同じように述べた。

「仕事が家族と一緒だと、お互いの弱点がわかりますし、その働き方もわかります。難しい状況になることもあります」

会社の成長と合わせて、二人はそれぞれ別々の領域を担当するようになった。ティムが自分のオフィスで広告会社の担当者と会っていると、聞きつけたガートがいきなり打合せに飛び入り参加してきたのは、もう昔の話だ。新しくなった本社ビルでは、二人のオフィスはお互いから一番遠い場所に置かれている。

ガートは今もポートランドに住んでいるが、住居はティムを育てた家とは異なる新しい家だ。一人暮らしで、唯一の同居人はチャーリーという名前の執事だというのだが、このチャーリーは実はマネキンである。チャーリーの仕事は、おもに窓際に仁王立ちすることで、片腕を上げた状態で固定され、近所の子供に向かって手を振っている。ガートは三十七年経っても再婚はしていない。話のタネとして、デートと呼べそうな付き合いをする程度である。彼女にとっては今もコロンビアスポーツウェアが家族であり、生活の大半を占める拠点だ。ただし、現在は昔よりも地域奉仕活動や慈善活動に多くの労力を充てるようになった。仕事に比べれば競争の少ない世界にように見えるが、彼女の姿勢自体は以前とほとんど変わっていない。重要なのは、ガートが今も、自社を成功に導いた精神に息を吹き込んでいることだ。コロンビアスポーツウェアは永遠に挑戦しつづける。業界大手ではないかもしれないが、高額な商品を売っている競合他社の数々よりは、つねに低価格で高品質な商品を届けていかなければならない。別れを告げる段になって、ガートは私に笑顔を向け、固く握手をしてくれた。

「ポートランドに来たときは、是非またおいでなさい」

そのときも彼女が必ずここにいて、店の心配をしながら、家族全員に目を配っていることだろう。

第 **6** 章

The Perfectionist

完璧主義者

ジュリー・アイグナー・クラーク

乳児向けビデオ制作・販売

ベイビー・アインシュタイン

Baby Einstein

ジュリー・クラークとの出会いは、思いもかけない形で訪れた。テレビで大統領の一般教書演説を観ていたときのことだ。ジョージ・W・ブッシュ大統領の任期も六年目で、状況は好調とは言えなかった。演説にはユーモアがなく、この男に投票したかどうかにかかわらず楽しく観られるような快活さは感じられない。演説の最初の四十分間では、経済、教育、医療制度、移民問題、エネルギー問題などをだらだらと話していた。チャンネルを替えてドラマの再放送でも観ようとした瞬間、大統領は、ファーストレディであるローラ・ブッシュとともにボックス席に座っている一般市民の貢献について話しはじめた。その日の夜のローカルニュース用に、視聴者の興味をかきたてる目的で設けられたコーナーだったが、これが私の関心を引いた。最初に紹介されたのは、有名なコンゴ人のプロバスケットボール選手、ディケンベ・ムトンボだ。彼は少し前に、コンゴ初の近代的医療施設の設立資金として、一五〇〇万ドルを寄付していた。それから大統領は、ジュリー・アイグナー・クラークを紹介し、次のように述べた。

ジュリー・アイグナー・クラークさんは、娘さんの誕生後、音楽や芸術を愛する心を我が子と分かち合いたいと考え、その方法を探しました。そこで機材を借り、自宅の地下室で、子供用ビデオの撮影を始めたのです。こうしてベイビー・アインシュタイン・カンパニーが生まれ、わずか五年で売上二〇〇〇万ドル以上の事業へと成長しました。二〇〇一年十一月、ベイビー・アインシュタインはウォルト・ディスニーに売却されます。ジュリーの手助けもあって、ベイビー・アインシュタインは二億ドルのビジネスとなりました。ジュリーは、アメリカの偉大なる起業家精神を代表する存在です。今は、自分の成功を他人のために役立てて、全米行方不明児童・被虐待児童センターのジョン・ウォルシュとともに、子供の安全のためのビデオを制作しています。ジュリーはこの新しいプロジェクトについて、こう語りました。「これは、私が今までなした中で最も重要な仕事だと思っています。子供たちは安全な世界で生きる権利があるのです」と。今日は嬉しいことに、この才能ある企業家にして、惜しみない社会貢献者である彼女を、ここに迎えることができました。

画面に登場したジュリーは、ストレートの金髪と、つややかな唇を持つ魅力的な女性だった。彼女のすぐ隣、ファーストレディの真うしろには、まだ十代の娘アスペンが座っている。周囲にはジュリーの前に紹介されたムトンボに加え、他人の命を救うためにニューヨークの地下鉄で迫り来る電車の前に飛び込んだ男性、それからイラクの戦地での勇敢な行動を称えられ「銀星賞」を授与された陸軍兵士が並んでいた。

このときのことをジュリーは、「本当に予想外の出来事で、絶対に秘密で、あの瞬間まで誰にも喋ってはいけなかったんです」と語っている。ファーストレディのボックス席に座り、十人ほどの人々に囲まれて、大統領が本当に自分のことを話すだろうかと待っているあいだ、何を考えていたのだろう？　問いかけると、彼女は次のように話した。

「あの演説のあいだの私ですか。そうですね、十代の娘を持つ母ですから、娘のアスペンをつついては『鼻に指を入れちゃダメ、髪の毛を引っ張るのはやめなさい、肘に触るんじゃないの——大統領夫人の頭を蹴飛ばさないで！』と言いつづけるばかりでしたよ」

一般教書演説にジュリーが取り上げられた一件は、多少の物議を醸した。ウェブマガジン「スレート」の執筆者ティモシー・ノアは、翌日の記事を「ブッシュのベイビー・アイシュタイン発言は失言だ——詐欺師を有名人扱いしてみせた」と題して、ジュリー・アイグナー・クラークは母性本能につけ込んだビデオで詐欺行為を行っている、と非難した。ジュリーはその批判に驚いた。私が出会ってきた企業家たちは皆そうだったが、彼女もとりわけ傷つきやすく過敏なタイプなのだ。

「ものすごく取り乱してしまいました。自分のことを何も知らない人から個人攻撃をされたからだと思います。あの男性が『ザ・セーフ・サイド』について何も述べていない、という事実に対して、本当に腹立たしく思いました」

ジュリーに対する非難は、私から見ても不当に思える。ジュリーは単に私腹を肥やしているだけで何もしていないではないか、最近の研究では子供にテレビを見せるのはよくないと言われているではないか、ベイビー・アインシュタインが先頭に立って女性に不確かな意見を押しつけ、子供から目を離していても安全だと思わせているのではないか――というのがノアの主張のおもなポイントだった。

だが、最初の指摘は真実ではない。二〇〇一年にベイビー・アインシュタインを売却してから、彼女は「ザ・セーフ・サイド」というプログラムの開発に携わった。プログラムの一環として制作されているビデオは、インターネットの利用や見知らぬ人との会話にひそむ危険を子供たちに教える内容だ。犯罪者追跡番組『アメリカズ・モスト・ウォンテッド』の司会者でもあるジョン・ウォルシュを説得してこの取り組みに参加させ、二人でビデオをテキサス州の全学区に寄付した。先の大統領演説はこの功績にも言及したものだ。

ノアの主張の二点目――乳児にビデオを見せることの危険性――は正しいかもしれないが、それはジュリーには関係のないことだ。テレビを見させられた赤ん坊が悪影響を受ける可能性があると主張する研究は、ジュリーがベイビー・アインシュタインをディズニーに売却したあとで発表されたものだし、赤ん坊向けのビデオを直接に非難したものではない。

そして三点目。乳児向けビデオという業界が若い親たちの不安につけ込んでいるという主張の適切さはともかくとしても、一般的な親たちは、ゆっくりと流れる楽しげな映像を見せながらクラシック音楽や外国語を聴かせることで赤ん坊に何らかの良い効果がある、と考えている。再現性の確認されていない二件の研究を根拠に、こうした消費者たちを愚かだと決めつけるのは、あまりに不当ではないだろうか。

　しかし、ジュリー・アイグナー・クラークに対する非難が意地の悪さによるものと思われるとしても、共感できる部分がないわけではなかった。テレビで彼女を観ていた私も、「なぜ彼女なんだ？　この女性がどうして特別だというんだろう？」と思わずにいられなかったからだ。あの場所で全国民の前に立っていたジュリーは、ごく普通の市民で、いかにも近所にいそうな女性にしか見えなかった。しかし、それが彼女の魅力でもある。ジュリーにはマーケターとしての経験も、ビジネスパーソンとしての経験もない。国語の教師を経て、専業主婦となった。欲深い動機があるだろうという主張には、まったく根拠がない。不安を抱えた若い母親たちを騙そうとしているどころか、彼女こそ、そうした母親の一人だったからだ。

「私は正真正銘、まぎれもない典型的な専業主婦でした。そして、自分の子供のためにこれ（ビデオ）が欲しいと思ったんです。他の女性たちが同じように感じていたのはラッキーなことでした」

　つまりベイビー・アインシュタインは、あくまでも〈アクシデンタル・ブランド〉だったのである。

　一般教書演説から一カ月後、コロラド州デンバー郊外で私が実際に対面したジュリーは、テレビで見た彼女とはまったくの別人だった。その日は、三月初旬のデンバーにしては記録的に暖かい日で、彼女の自宅玄関で出迎えられた時点で、すでに気温は二十四度に届いていた。ジュリーは、サンダルにやぶけたジーンズ、デヴィッド・ボウイのコンサートTシャツというカジュアルな格好をしていた。肩の長さの金髪は斜めにゆるく束ねられている。身に着けているアクセサリーは細身の結婚指輪（ダイアモンドなし）と、レプリカと言っても通用しそうな小さい金色のロレックスのみ。玄関の前の車道には、泥で汚れたピックアップ・トラックが停まっていた。デンバーの渋滞に巻き込まれて約束に遅刻した私をせかして、そのピックアップに乗り込む。学校に遅れているからだ。

＊＊＊

〈アクシデンタルな企業家〉たちに出会うにつれ、私は、彼らが二つのカテゴリーに分けられると気づいた。一つ目のグループは、クリフバーのゲイリー・エリクソンや、コロンビアスポーツウェアのガート・ボイルが含まれる。彼らは、ビジネスは人生を投じて追求していくものだと考えている。自分の生み出したものに心から打ち込んでおり、身内だけの家族経営から、意欲に燃えた見知らぬ人材を抱える序列構造の企業らしい企業へと、難しい転換期をくぐりぬけてきた。一方、もう一つの企業家グループは、会社経営をしたいとは思っていない。事業の規模が大きくなり、「責任者」という立場の意味が創作活動よりも管理を示すようになってくると、事業から手を引いてしまう。ジュリー・クラークは、この後者のグループに含まれる。

二〇〇一年にディズニーに売却を決めた時点で、ベイビー・アインシュタインの従業員数は八人。その人数で、同年の売上二二〇〇万ドルを切り盛りしていた。ジュリーと、COO（最高執行責任者）を務めた夫のビル・クラークは、売却によっておよそ四〇〇〇万ドルを手にした。もちろんビル・ゲイツやウォーレン・バフェットなどと肩を並べたわけではなく、小規模な投資家や法律事務所の経営者などと同じレベルに立ったに過ぎないとしても、彼女にとっては好きなことをやれるだけの充分な金額だ。勤めを辞めてから六年、結婚し、子供をもうけ、ベイビー・アインシュタインを立ち上げたが、売却によってまたスタートラインに戻ったというわけだ。現在の彼女は、再び教師の仕事を始めている。

ジュリーが教えている私立中学校は、進歩的清貧を実践するモデル校である。クラス人数は平均十五人と少なく、私が見る限り、教育のレベルは非常に高い。だが、建物の構造はきわめて簡素だ。二階建てで、壁は軽量コンクリート造り、照明は蛍光灯。最近の改装で床にカラフルなタイルが貼られ、壁も黄色く塗られて、ぐっと明るい雰囲気になった。

何百万ドルという資産を持ち、その名も広く知られた企業家が、そんな学校で六年生と七年生に詩を教えているのだから、なんだか皮肉めいた光景に思われるかもしれない。だが、クラスの生徒たちにはそうした雰囲気はまったく感じられなかった。生徒たちは子供らしい落ち着きのない仕草で、教室のうしろで見学する私に好奇心の目を向ける。最後に教室に入ってきた生徒たちの中に、ジュリーの娘のアスペンも混じっていた。一般教書演説の場に連れてきていた長女だ。浅黒い肌と自信に満ちた態度が特徴的で、十二歳とは思えぬ正しい姿勢を崩さない。母親が私を紹介したときも、他のクラスメイトと違ってまっすぐに私と目を合わせた。

授業を見学して最初に気づいたのは、ジュリーが非常に聞き上手であることだった。発言する生徒には必ず一〇〇％の関心を示し、身体全体で耳を傾ける。優れたエンターテイナーや政治家と同様、目の前にいる人物に完全に意識を集中させるのだ。私の経験から言って、これは企業家やCEOにはあまり見られない特徴である。しかも彼女は、子供に受け入れられやすい素質があるらしく、生徒は親近感と敬意の両方をこめて話をしていた。十代の若者にその両方を求めるのは非常に難しいものだ。生徒は冗談も好む。一人の生徒が、友人の奇妙な名前について口にしたときには、ジュリーは次のように返した。

「子供の名づけ方っていうのは、本当におもしろいものよね。このクラスにも、木にちなんだ名前をつけられている子がいるでしょ――おっと、つけたのは私だったわね」

彼女がわざと真面目くさって言うと、広葉樹のアスペンと同じ名前を持つ娘が笑顔を浮かべる。ジュリーが教壇に立っている利点の一つが、娘との時間を持つ機会にもなるからだというのは明らかだった。

教師としての仕事は、ジュリー・クラークにとっての贅沢な楽しみである。ミシガン州立大学を一九八八年に卒業したあと、子供を教える仕事に就けなかったので、デトロイト東部の社会人向け学習センターで夜間講師の仕事をするようになった。それから二年かかってようやくつかんだ昼間の仕事が、今と同じような中学校での国語教師だったのだが、給料は安く、仕事は過酷で、四年後には別の仕事を探そうと決意するに至る。そうしてオプティカル・データ・コーポレーションという会社での働き口を見つけた。

オプティカル・データ社は、一九八〇年代の新技術であるレーザーディスクを学校教材として活用する狙いで設立された会社だった。大量の視覚教材が一枚のディスクに入るので、インターネット到来前の学校にとっては、面倒なスライドを使わずに済む、新たな指導ツールとなった。ジュリーの仕事は営業担当者とペアになって、学校教師にレーザーディスクの使い方を教えて回ることだ。オプティカル・データ社の業績悪化により、わずか一年で解雇されたのだが、この経験は二つの意味で彼女の人生の転換点となった。一つは、オプティカル社CEOだったビルと出会ったこと。そしてもう一つは、ビデオが効果的な教育ツールになり得るという考えが根づいたことだ。

オプティカル・データ社を辞めたあと、ニュージャージー州ベッドミンスターでビルと一緒に暮らすようになる。その平凡な住宅密集地で、児童虐待防止に努める非営利法人で働きはじめ、一九九四年には第一子であるアスペンを出産し、仕事を辞めて専業主婦になった。一年後、オプティカル・データ社の売却を受けて、一家はジョージア州へと引っ越すことになった。

ジュリーはニュージャージーにいた頃から、赤ん坊が日々触れ合う視聴覚教材について考えはじめていた。コマーシャルやミュージッククリップなど、子供の生活を取り巻く多数のメディアの影響は好ましいと思えない。それにアスペンには、クラシック音楽、芸術、詩、外国語などに対するしっかりした価値基盤を植えつけたいと思っていた。既存の幼児向け視聴覚教材で、それらを教えられるものもいくつか見つけたが、乳児向けのものはほとんどない。そもそも、魅力ある乳児向けビデオ自体がまったく見つからなかった。彼女が探していたのは、まだ存在していない何か――自分にとって大切と思える画像や音楽で赤ん坊を刺激することのできる、何らかの方法だ。当時は忙しくて何も行動を起こせなかったが、そのアイディアだけは彼女の頭から消え去ることはなかった。

一家はジョージア州に引っ越し、アルファレッタという地域に家を購入する。アスペンの一歳の誕生日も過ぎ、夜泣きから解放されて睡眠時間を確保できるようになってきたジュリーは、再び乳児向け学習ビデオのアイディアについて考えはじめていた。そして自分でビデオを一本作ってみようと決めた。いいアイディアを思いついても、実際にやってみる人間は多くはない。彼女が行動を起こした理由を尋ねると、こんな答えが返ってきた。

「夫の仕事を見ていましたから、不安は感じなかったんです。最初は趣味のつもりで始めました。だから、プレッシャーはほとんどなかったんです」

幸い撮影機材を持っている友人がいたので、貸してもらうことができた。空き部屋の状態だった地下室を、事務所兼制作スタジオとして、ジュリーのビデオ制作がスタートした。撮影のセットは、黒いベルベットの覆い布だけ。アスペンが生まれ、乳児向けビデオのアイディアを思いついて以来、娘が興味を引かれる対象を慎重に観察し、ゆっくりと動くものに関心を示すことに気づいていた。乳児は模型などがゆっくり動く様子に飽きることなく引きつけられるのだ。また、特定の色や物に魅力を感じて注目する。ジュリーはビデオに写す素材を決めるにあたって、母親たちを呼んでフォーカスグループ実験をしたり、リサーチをしたりといったステップは踏まず、ただ自分の娘が興味を示すとわかっている対象を選んだのである。また、制作途中で二人目を妊娠し、これが完成に向けての新たな動機にもなった。そうして最初のビデオが誕生する。かかった時間は一年間、費用は夫婦の貯金から出した一万七〇〇〇ドルだった。

この一作目は、「ベイビー・アインシュタイン・ランゲージ・ナーサリー」というタイトルに決まった。ジュリー自身がナレーションを吹き込み、のちに会社を売却するまで、すべてのビデオ商品でナレーターを務めつづけている。ビデオの内容は非常にシンプルだ。背景は真っ黒で、マザーグースの童謡が流れる。マニキュアを施したジュリーの手が登場して、玩具のボタンを押す。押すと飛び出す単純な玩具だ。ジュリーの声で「こんにちは!」というナレーションが入り、ベイビー・アインシュタインのロゴマークと、「ランゲージ・ナーサリー」というタイトルが現れ、その文字がゆっくりと近づいていく。次に映るのは魚の水槽だ。猫が見たら興奮しそうなほどリアルな映像である。別の女性の声がドイツ語で詩を読み上げるあいだ、さまざまな形の模様が次々と現れる。子供のいない大人が見ていたら、貧乏ゆすりをしてしまいそうな退屈な映像だ。大人にとっては苦痛なほどゆっくりで、脈略のない映像に思えるが、これが乳児の関心を果てしなくつなぎとめる力を発揮する。

少なくとも、私がベイビー・アインシュタインについて尋ねた親たちは、皆そう言っていた。ある人は「うちの息子はこれが大好きでした」と話した。

「再生するやいなや、二十五分も釘づけだったんですよ。ミルクをあんまり飲まない子で大変だったんですが、ビデオを観ながらだとよく飲んだので、とても助かりました」

私がこのビデオを素晴らしいと感じたのは、大人の期待をことごとく裏切るその手法にあった。ストーリー性も、キャラクターも、何らかのアクションも登場しない。出てくるのは静止画像や、ほとんどが何の関係もない効果音ばかり。まるで絵コンテをビデオにしたような感じだ。だが、乳児向けの絵本と同様の効果があり、赤ん坊の意識を刺激すると同時に、大人が画面を指差して語りかけてやることもできる。シンプルだが、実にパワフルなアイディアだ。対象年齢がやや高い『セサミ・ストリート』や『ブルーズ・クルーズ』を含めた既存の映像作品とも、大きく異なっている。ベイビー・アインシュタインと、この乳児向けビデオというジャンルに対する批判が的外れに思えるのは、そこが理由でもある。一般的なテレビを幼い子供に見せることの悪影響を主張する研究はたしかに出ているものの、まだ新しいジャンルである乳児向けビデオに限った研究は行われていないからだ。それに、ベイビー・アインシュタインの映像は他の子供向け番組よりもゆっくりで、絵本をめくるスピードとほとんど変わらない。

通信販売ビジネスを立ち上げたジョン・ピーターマンと同様に、ジュリー・クラークにも「ビデオ撮影のルールをまったく知らない」という強みがあった。「ベイビー・アインシュタイン・ランゲージ・ナーサリー」は、一般的なビデオ制作のセオリーをすべて崩している。印象的なテーマソングもないし、作品の内容も高レベルではない。セットも使わないし、絵と音楽もあまり連携していない。何より、子供たちを興奮させるような素早い動きがないし、大人の心をつかもうともしていない。ジュリーとその子供たちも一部で出演していたのだが、それがまた好ましい要素だった。ある母親は「それがよかったんです」と話した。

「ベイビー・アインシュタインのビデオを何種類も観ましたが、それはジュリー・クラークと、彼女の子供たちを見られるからでもあったんです。初期のビデオでは、一番下のお子さんがまだ赤ん坊でした。その子がだんだん育っていくのがわかるんです。まるで、あの子たちの成長を見守っているようでしたよ」

ビデオの制作は楽しかったが、その販売となると、まるで悪夢のようだった。ジュリーは、「それまでの人生で、物を売った経験なんか一度もなかったんです」と話している。

「家族以外では、支援の手もそれほどありませんでした。小さな子のいるお母さんたちに話をしても、『素敵なアイディアね！』と飛びついてくるなんてことはなくて、『そうね……いいんじゃない』と言われる程度でした」

それでもジュリーは粘った。このビデオが乳児のためになるという強い信念があったからだ。トイザらスをはじめとする大手小売店の住所をインターネットで調べて、ビデオを送ったが、一度も連絡は来なかった。そこでさまざまな雑誌社にも送付してみたのだが、こちらは運が味方をしたらしく、育児雑誌『ペアレンティング』が好意的な紹介記事を載せてくれた。そのときになって初めて、ジュリー・クラークは自分がビジネスをしていることを意識した。それは、彼女がそれまで考えたこともなかったような問題に対処するという意味だった。

「支払いをしてもらうためには、クレジットカード決済を受けつけることができるようにならなければいけないと気づきましたが、いったいどうしたらいいものやら。テープをダビングして箱を作ってビニール包装にするのは大変なことではないですけど、出荷はどうすればいいのでしょう。数はたくさんじゃありませんでしたけど、私は注文受付と倉庫管理と秘書をいきなり一度にやることになってしまったんです」

当初は自宅地下室を拠点に、ガレージを商品倉庫にして、ビデオを直接販売していた。だがジュリーは、ベイビー・アインシュタインを小売店に卸す道を探しつづけていた。すると友人の一人が、それなら見本市に持っていくべきだと言った。ジュリーは存在すら知らなかったのだが、子供向けビデオを披露できる「トイ・フェア」という業界見本市があり、毎年ニューヨークのヤコブ・ジャビッツ・コンベンションセンターで開催されていたのだ。だが、ジュリーのわずかな収入ではトイ・フェアの入場料を工面するだけでも厳しかったので、展示を出すなど論外だった。

ジャビッツ・センターは、現代の基準で言えば小さいほうだし、ラスベガスで毎年開催される家電見本市のような大イベントは開けないが、それでも初めて訪れる者をまごつかせ不安にさせるには充分だ。それぞれの階でガラスのドアを抜けて建物内に入っても、そこから会場までゆうに四〇〇メートルはある。ジュリーが初参加したときのトイ・フェアの入場者数は二万人を超えており、会場の喧噪だけで彼女は完全に圧倒されてしまった。だが、やらなければならないミッションがある。ビデオを売り込むのにうってつけの店として「ザ・ライト・スタート」という小売店に目をつけていたジュリーは、その店のブースの担当者を探し回り、なんとかザ・ライト・スタートの女性社員八人を見つけ出した。

「おかしな奴だと思われていたでしょうけど、その中の一人を説得して、ビデオを観てもらう約束を取りつけたんです。彼女のことは、ウェンディというファーストネームしか聞けませんでした。二週間半ほど何の連絡もなかったので、とうとう本社に電話して、ウェンディという女性と話したいと頼んだのです。そしたら受付の人は、彼女は退職したと言って、後任の女性の名前を教えてくれました。そこで電話がつながったとき、私はちょっとしたウソをつきました。ウェンディはビデオを気に入っていた、後任者に見せるつもりだった、って。電話の向こうの女性はちょっと沈黙して、あたりをごそごそ探す音が聞こえました。それから、『ええ、ビデオはデスクにありました。でもウェンディのメモなどは何もありませんよ』と言ったんです。それでも見てみるとは言ってくれました」

そして翌日、この後任のバイヤーから連絡があり、六十本の注文が入った。六十本すべてが一日で売れ、ザ・ライト・スタートは再注文をかけた。それから、二作目を半年以内に作ってほしいと頼んできた。こうしてベイビー・アインシュタインの運命が変わりはじめたのだ。

ジュリーが制作した二作目のビデオは、「ベイビー・モーツァルト」という題名になった。「ベイビー・アインシュタイン・モーツァルト」など、名前の組み合わせをいくつか考えてみたのだが、結局はシンプルなほうがいいと判断した。一九九八年二月、ビデオが店頭に並んだわずか二週間後、赤ん坊にモーツァルトを聴かせると脳の働きが向上するという科学研究が発表される。このエピソードはあっというまに全国紙で報道され、「モーツァルト効果」と呼ばれた。ベイビー・アインシュタインの人気は爆発的に広まり、一九九七年に十万ドルだった売上は、一九九八年には一〇〇万ドルにまで跳ね上がったのである。

＊＊＊

ジュリーが教鞭を執る中学校を出た私の目に、ロッキー山脈が飛び込んでくる。晴れた日のデンバーでは、教会のパイプオルガンのようにそびえ立つ山脈がどこからでもくっきりと見える。雪をかぶった山頂は、ニューヨーカーである私には非現実的に見えた。天然色のハリウッド映画で使われる背景画のようだ。私はジュリーの車でショッピングモールのレストランに向かい、そこで彼女の夫ビルと落ち合った。

ビルはジュリーより十三歳年上で、彼女とは対照的な性格だ。ジュリーがエネルギッシュで衝動的で要求が多いタイプであるのに対し、ビルは穏やかで慎重で融通が利く。ジュリーにとってビルが果たした最大の役割の一つは、ビジネスマンとしての師匠《メンター》となったことだった。正式にベイビー・アインシュタインの事業に参加する前から、彼が企業家としてのロールモデルだった。

二人が出会ったときにビルが経営していたオプティカル・データ社は、ABCテレビから一部出資を受けていた。大量の情報と映像を詰め込めるレーザーディスクを教材として使うというコンセプトは、立ち上げ当初こそ画期的だったが、残念ながらDVDとインターネットの登場とほぼ時を同じくしていたため、すぐに時代遅れになった。オプティカル・データについて水を向けると、ビルは笑って「たくさんの歴史を作って、たくさんの金を失った」と言った。

ベイビー・アインシュタインは、明らかにそれとは違っている。一本目のビデオが完成間近というときに、夫婦はジョージア州アルファレッタからコロラド州デンバーへと引っ越した。ビルがデンバー付近の企業家支援を専門とした非営利法人で働くことになったからだ。一年後には、ベイビー・アインシュタインはジュリー一人の手に負えないほどの急成長を遂げていた。業務を分業にするのが得策だ。そこでビルが経営を引き受け、会社のために戦略をまとめはじめた。ジュリーを手伝ってベイビー・アインシュタインの知的所有権について検討し、ブランド商品の商標保護をしっかりと管理できるようにした。消費者のライフサイクルについても考えさせ、新生児向けのシリーズに加えて一歳から三歳児向けのビデオシリーズも立ち上げさせた。ジュリーはCEOとして、ビデオ制作作業（のちに本の制作も加わった）を統括し、ブランドおよび制作過程を管理した。

「ベイビー・アインシュタインのビデオと本は、全商品一つひとつにジュリーの指紋がついた手作り作品だった」と、ビルはスープを口に運びながら言った。

こうした深いかかわりと、手作りならではの真実味《オーセンティシティ》が、ベイビー・アイシュタインというブランドに卓越した強さを与えている。本書に登場するブランドの大半がそうであるように、ベイビー・アインシュタインの成功は、自分自身の物語を説得力を持って描き出すジュリー・クラークの力によって生じている。自分の子供に見せたい商品を自らの手で生み出した、一人の専業主婦の物語だ。「私たちの手で、私たちのために」という精神と、訴求力のあるエピソードがあいまって、他の企業ブランドとは一線を画す〈アクシデンタル・ブランド〉を成立させている。人間らしい名前と顔を持たない企業から物を買いたいと思う人はいない。ブランドが企業に顔を与える。そして〈アクシデンタル・ブランド〉には、はっきりとした顔と、強い力を持った物語がある。オプラ・ウィンフレーのトーク番組に出演するときにも、あるいはベイビー・アインシュタインの絵本の裏表紙に顔を載せるときにも、ジュリー・クラークは自分らしい物語を語るすべを心得ていた。

〈アクシデンタル・ブランド〉の特徴として、人材の起用にきわめて慎重になる傾向がある。人材採用で間違った判断を下すと、その企業に流れる遺伝子が汚染され、組織全体の意識が下がりかねないからだ。ベイビー・アインシュタインが一九九八年から二〇〇〇年にかけて実現した爆発的成長――売上高は一〇〇万ドルから、十倍の一〇〇〇万ドルに増加した――と同種の成長を経験した企業なら、それに合わせて人員を増やしていくのが普通だが、ベイビー・アインシュタインの場合はそうはしなかった。ディズニーに売却した二〇〇一年の従業員数は八人で、前年の売上高が二二〇〇万ドルなので、なんと一人あたり二七五万ドルを売り上げた計算だ。昼食を囲みながら、私が規模の小ささについてビルに尋ねると、彼はそれを「ライフスタイルの選択」と表現した。膨大な数の従業員を雇うとなれば、ＣＥＯやＣＯＯの仕事量が大幅に変わる。急速に人員を増やしていけば、家庭生活が破綻する可能性があった。それに二人は従業員を家族と考えていた。売却当時の八人のうち七人が、現在も、ジュリーが新たに始めた二つの事業、ザ・セーフ・サイドとメモリーレーンの仕事を手伝っている。

ディズニーの出版部門がジュリーにコンタクトしてきたのは、一九九九年のことだった。それまでビデオだけだったベイビー・アイシュタインの商標で、ディズニーから絵本を出したいのだという。昔から執筆には興味があったし、本はビデオに加えるにふさわしい商品だと考えていたので、心を惹かれた。ジュリーが一〇〇％の制作管理権を持つという条件で、ライセンス供与に合意し、絵本のプロデュースに取りかかった。最終的に会社全体の売却が決まるまでに、生み出した絵本の数は二十冊にのぼり、ベイビー・アインシュタインの収益に多大なる貢献をもたらした。

そして二〇〇〇年。ベイビー・アイシュタインに続く競合が増え、業界は拡大していた。ビルとジュリーの勤務時間は長くなる一方で、ごく普通の家族らしい生活を送るのが困難になっていたし、個人的な価値観も危うくなっていた。ビデオ制作と平行して、ディズニーのために絵本の制作・販売を行い、幼児向けの「リトル・アインシュタイン」というシリーズまで増やしていた。経営があまりにも複雑になっていた。業界トップの座を保ち、さらに次のレベルへ会社を成長させようと思うなら、相当の増資が必要だ。人生にかかわる根本的な問題に直面した夫婦が、とるべき方法について意見が一致するには時間はかからなかった。事業の売却を決めたのだ。ビルに言わせれば、それはシンプルな決断だった。

「私たちの生活が呑み込まれそうになっていた。だから私たちは、『子供たちとビジネス、どっちが大事だろう？』と考えた」

ジュリーも大きくうなずく。

「私たちは一度も広告を出しませんでしたし、マーケティングも全然しませんでした。ベイビー・アンシュタインはくちコミだけで広まったのです。自分たちの子供とできるだけ一緒の時間を持ちたかったので、いずれは売却をせざるを得なくなるだろうとわかっていました。このビジネスでこれほど成功するなんて、予想もしていなかったサプライズでした」

そういうわけで、夫婦はディズニーに連絡をした。ディズニー・ブックスとは、過去にいい仕事ができたので、相性はぴったりだと感じていた。本人の話によると、ジュリーはディズニーに次のように伝えたという。

「私たちはあなた方のことを気に入っています。ですから最初にご連絡しました。事業を売却しようと思いますので、興味を持たれるかどうか伺いたいと思います」

はたしてディズニーは興味を示した。その電話から十カ月後、夫妻はベイビー・アインシュタインを四〇〇〇万ドルでディズニーに売却した。

本書で紹介している企業家の中でも、事業を完全買収に出したのはたった二人――ジュリー・クラークと、バーツビーズのロクサンヌ・クインビーだけだ。いずれの場合でも、ブランドを手放すのは、大学に進学して実家を離れる子供を見守るのに似ていたのかもしれない。反対に創業者からブランドを買い取るというのはデリケートな行為だし、ディズニーもそれをよく理解していた。弁護士との交渉がまとまる直前に、ディズニー側の代表者はジュリーの手に自分の手を重ねて、彼女をまっすぐに見つめてこう問いかけたという。

「このビジネスを我々が思うようにする権利を買おうとしているんですよ。おわかりですね?」

ジュリーはわかってもいたし、その一方で、わかっていなくもあった。交渉がまとまり、ジュリーが慣例的に「内部コンサルタント」という肩書きになったときは、商品の制作をコントロールしつづけていられると期待していた。だが実際には、徐々に彼女の立場は脇へ追いやられていったのである。

「ディズニーと一緒に仕事をするのは素晴らしいことだと思っていたのですが、そうでもありませんでした。最後には、『私がいなければ生まれなかったのだから、その点は本当に誇りに思うけど、もう今となっては仕方がない』って感じになりました」

しかもディズニー側は、ベイビー・アインシュタイン事業を担当する別の女性社員をかつぎ出した。ジュリーと同じく子を持つ母ではあるが、ＭＢＡの資格も持っている女性だ。

「この女性は、『これをもっと見映えよくします』というようなことを言っていた。まずいことになるぞ、と思った」

ビルがそう話すと、ジュリーも夫以上の苛立ちを交えて「結局、ディズニーとはやっていけなくなりました」と説明した。

「私はそんなふうにはさせたくなかったし、向こうも妥協しなかったので」

収益という面では、ディズニーは素晴らしい成果を出し、ブランドを成長させた。買収からわずか四年後の二〇〇六年には、ベイビー・アインシュタインの収益はほぼ十倍に膨らみ、二億ドルを上回っていた。しかも、一九九六年にジョージア州の家でジュリー・クラークが描いたロゴが今もそのまま使われており、ベイビー・アインシュタインの本やビデオに掲載されている。ディズニーのロゴも載ってはいるが、小さく控えめだ。少なくともディズニーは、このブランドを「ディズニー化」する誘惑には屈していないと言うことができるだろう。だが別の面から見れば、ビルのコメントは的を射ていた。ジュリーたち一家ではなくプロの俳優が出演するなど、それまでのベイビー・アインシュタインにはー度もなかった展開が生じ、ビデオの見た目も印象も、もはや手作り感を漂わせせなくなってしまった。加えて、ベイビー・アインシュタイン・ブランドの収益のほとんどを占めるのは、ライセンスビジネスの玩具、乳児向け洗面道具、ベビー服、パーティグッズなどになった。簡単に言えば、ベイビー・アインシュタイン・ブランドはジュリーのもとにあったときのような真実味を失ってしまったのだ。もう、一人の母親が他の母親のために努力した心温まる作品ではなくなってしまった。

ランチのあと、私はジュリーに向かって、自分が本当に成功したと気づいたのはいつだったか、と尋ねてみた。彼女は笑い、ショッピングモール内の靴専門店を指差して、「あの中ですよ」と答えた。

「今もまざまざと思い出せます。あの店で、二足の靴を手に持って、どっちを買おうか決めようとしていました。そして思ったんです。『あらっ、今ならどっちも買えるじゃないの』って」

ジュリーは、自分が大切だと思うすべてのもの——自分の子供、自宅以外に構えた最初の（そして最後の）ベイビー・アインシュタインのオフィス、会社を支えてくれているスタッフたち——を、地元であるデンバーの手の届く範囲で揃えたい、という希望を抱いていた。靴を買いながら成功を実感したというエピソードは、身近な距離感を愛する心の深さを物語っている。

ビルは、ベイビー・アインシュタインの全商品それぞれに「ジュリーの指紋がついている」と表現した。私はこれに興味を感じていた。このセリフが示すような細部に対する執着を、私はまだジュリーの中に見出せていなかったからだ。小さなものへの飽くなき探究心は〈アクシデンタル・ブランド〉を立ち上げた企業家たちに共通する特徴だが、ジュリーはゆったりして見えて、何かに執着心を見せるとは思えない。

昼食の次の目的地は、売却前のベイビー・アインシュタインのビデオ編集作業を一手に引き受けていたマーク・バーという人物の自宅スタジオだった。マークの家は、ジュリーの昔の家から車で数分の新興住宅地にある。一階を完全な映像制作スタジオに改装し、寝室には専門の編集機材を揃えていた。ジュリーは一週間後にマイクロソフト社でスピーチをする予定があった。マークのスタジオを訪れたのは、何か特別なアイディアがあってのことらしい。門外漢の私にとって映像編集のプロセスは退屈そうに思える。だが、当然ながら門外漢ではないジュリーは、マークの協力のもと、ベイビー・アインシュタインとザ・セーフ・サイドのビデオから映像をつなぎ合わせて完璧なプレゼンテーション用映像を作った。どうやら自分の作品のことは隅から隅まで熟知しているようだ。既存のビデオで使っている音楽を流用しようと、マークがテープを探していると、ジュリーは十本以上のビデオの中から一場面を的確に拾い上げて見せた。二人の会話は簡潔で、お互いがお互いの考えを読み取って話している。のちに、マイクロソフトでの講演はどうだったかと聞いてみた。

「楽しかったですよ。ハーバード卒のMBAを持った本当に頭のいい人たちがたくさん集まった前で、私が自分の話をしたんですから。私の話から何かを学ぼうとしてくれてるんだ、と実感しました」

私は編集作業の見学を通じて、ベイビー・アインシュタインはジュリーにとって好きでやっていた仕事なのだ、という印象を強めた。おそらくはそれこそが、このブランドの秘密だ。ジュリー・クラークにとって、ベイビー・アインシュタインはアスペンやシエラ（アスペンの妹）と同じ我が子のようなものだった。彼女の意識はつねに家族に向けられている。ベイビー・アインシュタインが家族の一部であり、家族を結びつける力を持っていたあいだは、ジュリーは見事な手腕でこのブランドを扱っていた。だが、ビジネスが家族のバランスと平和を脅かすようになってきたときには、ビジネスのほうを手放したのだ。ディズニーがベイビー・アインシュタインを管理するようになってからは、もはやブランドに貢献することもできなくなった。実子を養子に出してしまった以上、その里親になることは、彼女にはできない相談だった。

私はマーク・バーに、ジュリーは執着するタイプかと尋ねてみた。するとマークは含み笑いをして「そうだな、ジュリーは変わってるんだ」と話した。

「創造性があるだけではなく、非常に細部にこだわる人間なんだよ。自分が欲しいものを正確に把握している」

それを聞いたジュリーも笑顔を浮かべ、マークがかつて「きみとは一緒に仕事しにくい」と言ったことを――何杯かカクテルを飲んでからのセリフだったようだが――持ち出した。マークは首を振って話題を変えた。嫌がっている様子はない。だが、彼がジュリーとうまくやってこられた秘訣は、彼女に主導権を渡し、彼女の求めるものを本能的に察知するべく集中してきたおかげのようだった。

その彼女にとって、ベイビー・アインシュタインを手放すのは容易ではなかった。だが、二〇〇二年末になる頃にはベイビー・アインシュタインとのつながりが完全に切れて、もはやディズニーのコンサルタントでもなくなった。そこで彼女は、新たな試みにエネルギーを注ぐことにした。きっかけとなったのは、二人の娘の母となってから感じるようになった懸念だ。見知らぬ人の悪意やインターネットの落とし穴から身を守る方法を、娘たちが学校で適切に教わっているとは確信できなかったのだ。そこで二〇〇三年、児童が被りかねないさまざまな危険の解決を目指すザ・セーフ・サイドという事業を立ち上げた。自分にとっては慣れた学習ビデオというツールを新たな方法で利用し、他人とのかかわりや、危害を及ぼす可能性のある人間への適切な対応を子供に教えていこうと考えたのである。

今回は、ベイビー・アインシュタインの成功で一躍有名になったジュリーの名が後押しとなった。資本もあったし、多大なサポートも得られた。二〇〇二年後半には、人気テレビ番組『ジョン・ウォルシュ・ショウ』への出演を依頼される。ジュリーはそこにチャンスを見出した。出演条件として、司会者であるジョン・ウォルシュと一時間の打合せの時間を設け、ザ・セーフ・サイドについて説明させてほしいと求めたのである。この作戦が奏功し、ウォルシュをザ・セーフ・サイドの支援者として関与させることに成功した。一本目のビデオ撮影にかかった時間は一年、費用は彼女のポケットマネーから出した四十万ドル。ベイビー・アインシュタインの一作目が一万七〇〇〇ドルだったのだから、かなりのステップアップだ。

二〇〇四年一月には撮影が終わり、編集準備が整った。だが、編集を始めて二、三日後、思いもかけぬ悲劇が訪れた。

「前夜にかなり根を詰めて作業をしたんですが、腕をあげたら痛みを感じたんです。編集スタジオで椅子に座って、脇をさすってみたら、すごく小さなしこりを感じました。しばらくはそのことを考えなかったんですが、二、三日してもう一度触ってみようと思ったんです。ちょっと時間がかかりましたが、やはり見つかりました。そこでマジックを取って、しこりのところにしるしをつけたんです」

病院に行くと、医者は別の病院でさらなる検査を勧めた。それから数日間はめまぐるしく過ぎた。

「水曜の朝にマンモグラム検査を受けました。撮影したフィルムを見て、もう一度かかりつけの医者のところへ行きなさい、と言われました。良くない結果だとわかりました。それから木曜には生体検査を受けて、金曜には癌と診断されました。浸潤性の癌です」

このときのジュリーはどんな反応を示したのだろうか。彼女の自宅の庭で、プールと、その向こうに見える山々を眺めながら問いかけてみる。ジュリーは遠くに目をやって、私の質問に答えた。

「人生が真っ暗になって、頭に浮かぶのは九歳と七歳の子供のことだけでした。その日は娘たちを親友の家に泊まらせました。土曜に帰宅してきたとき、キッチンテーブルの前に座らせて、話したんです。『悪い知らせがあるの。ママは癌なのよ。でも、死ぬような病気じゃないの』。話す必要があったけれど、怖がらせたくはなかったから、そんな言い方をしたんです」

それから数日間のジュリーは、癌を宣告された人間が最近ならおしなべてするであろう行動をとった。インターネットで病気に関するあらゆる情報を調べたのだ。そして、一つの確固たる決意をかためるに至った。

「癌を追い出して、絶対に再発させないようにしよう、と決めたんです。両側の乳房切除を決心しました。究極の選択です。決意してから一週間で五人の癌専門医に会いましたが、誰も両側切除は薦めませんでした。全員が、化学療法や摘出手術、放射線治療がいいと言いました。でも、こういう専門医は患者を一つのグループにくくってしまうんです。あらゆる乳癌患者が通る一般的な道というものを想定しています。でも、私の癌は私のものです。どの癌も一緒ではありません。私は絶対に再発させたくありませんでした。診断されてから十日後に、両乳房の切除手術を受けたんです。化学療法も放射線治療もやりませんでした」

そこまで話して、ジュリーはため息をつき、笑顔を見せた。

「この土曜で三周年になったんですよ――今のところ再発の兆候はゼロです。たいしたものでしょ」

術後の回復期間を経て、ジュリーが最初に起こした行動は、仕事への復帰だった。癌を見返してやろうという気持ちでザ・セーフ・サイドの仕事に戻り、それまで小売販売を追求していた戦略の矛先を学校へとシフトした。ビルの手助けもあり、テキサス州の全学区に無料でビデオを配布するという企てに挑戦する。ブッシュ大統領の執務室スタッフの一人が彼女に目を留めたのは、この活動がきっかけだ。ジュリーは猛烈なペースで仕事を続け、三年近くたってようやく周囲が追いついてきたというわけだった。

夫婦は二〇〇六年に再び引っ越しをした。地下室でベイビー・アインシュタインを収益五〇〇万ドル以上のビジネスに育て上げた家から、同じデンバーながらはるかに立派な家へと移ったのだ。三〇〇坪近くある近代的な住居で、デンバーを見下ろす丘の上にあり、ロッキー山脈もはっきりと望むことができる。家の中を案内されると、昨今でも郊外ならこれほど広大な家が買えるものかと実感した。天井は七、八メートルあり、電球一つ交換するにも足場が必要だ。下の階にはビルが設置したホームシアターがあり、七十五インチのＨＤＴＶの前に十人分の座席が置かれている。そばにはビリヤード台があり、向こうにビルの書斎がある。キッチンは現代的な大理石造りで、屋外と屋内両方にフルサイズのダイニングテーブルがあった。裏庭には石で飾ったプールがあり、その横にクッション材を敷いたバスケットボール・コートがある。ジュリーの仕事場は一番大きな部屋で、広々としているが、少しばかり居心地が悪い。実際のところ、家全体が少々威圧的というか、身の丈にあっていないような感じがした。私の印象では、ジュリーも買ってしまったことを少々後悔しているようだ。

「大きすぎるんですよね——ときどき、これほどの家が必要かしら、って思うんです」

室内に飾られているベイビー・アインシュタインの初期の思い出の品々を見ようと、首を思いきり伸ばしている私の横で、ジュリーはそんなふうに言った。

二〇〇六年になり、ようやく彼女はスピードをゆるめはじめたという。

「もうこんなにハードに働きたくない、って思ったんです。癌は大きな警鐘だったんですが、そのメッセージを受け止めるのに少々時間がかかってしまいました。『これほどの宝に恵まれて、ビジネスをこんなに大成功させられた。昔は考えたこともなかったようなお金も手に入った。昔は一教師だったじゃない！』って思ったんです」

そこでいったん言葉を切って、笑顔を浮かべる。

「昔は年収が二万五〇〇〇ドルだったんですよ。子供たちはまだ幼いので、反抗期でもなく、まだまだ一緒に楽しい時間を過ごせます。ザ・セーフ・サイドの事業は捨ててしまおうと思ったのですが、それまでにビルとともに学校での機会についてかなりの検討を重ねてきました。だから彼に事業を引き継いでもらいました。私は教師の仕事に戻ることにしたんです」

そうして、二〇〇六年の秋、彼女は約十五年間の空白を経て教壇に戻り、娘が六年生として通っている私立中学校で教えはじめた。以前と同じように詩と国語を担当し、自分の子供と過ごす時間も増やした。また、デンバーの学区内で子供に動物の世話の仕方を教える情操教育プログラムの指導にもあたっている。彼女に何らかの後悔があるとしても、その存在は微塵も感じられない。コロラドの空のもと、太陽が沈みはじめるのを感じながら、私はジュリー・クラークが自分の欲するとおりの世界にいるのだと考えた。

第 7 章

The Anarchist

逆らう人

ロクサンヌ・クインビー

自然派化粧品

バーツビーズ

Burt's Bees

十九世紀の思想家ソローは、著作でメーン州をひたすらに過酷な原野として表現した。現在のメーン州は、その過去の姿と、富裕層に好まれる玄関口としての今の姿のあいだで、不安定な一時停戦状態を保っているように見える。ポートランド国際空港には搭乗ブリッジが立ち並び、「お帰りなさい」というメッセージと、片側にヘラジカ、片側にロブスターのイラストをあしらった旗が掲げられていた。私は観光客でもなければロブスター業者でもないので、小さなターミナルビルを素早く通り抜けて外に出る。肌寒い春の日で、天候は不吉な様相を呈していた。暗雲が頭上で渦を巻き、緑豊かなポートランドの街並みを灰色の光で照らしている。

しばらくすると迎えの車がやってきた。青いボルボのステーションワゴンから、五十代の女性が飛び出してくる。背が高く、長い髪を編んで一つにまとめている。「こんにちは、デイヴィッド！」と私の名を呼び、手を差し出し、それから猛烈な勢いで喋りはじめた。ついていくのもやっとだ。この女性は『アルプスの少女ハイジ』のお喋り好きな主人公に違いない――ただし、ＩＱ１６０のハイジだが。私にそんな第一印象を抱かせたその女性こそが、自然派化粧品バーツビーズの創業者、ロクサンヌ・クインビーだった。

私は随分前からロクサンヌと会うのを楽しみにしていた。何年も昔のことだが、ニューヨーク大学で受け持っていた講義で、正式なマーケティングのトレーニングを受けずに大規模なブランドを創出した企業家について調べるという課題を与えたところ、学生の一人がバーツビーズに関するレポートを出したのだ。レポートは、ミツバチをトレードマークとする帝国を完全なるゼロの状態から築き上げた女性のエピソードを、英雄伝として描き出していた。私が最初に連絡をとったのは、彼女がバーツビーズを一億七五〇〇万ドルで売却したあとのことだ。電話したときの彼女は、ちょうどパリのル・コルドン・ブルーでお菓子教室を受講中で、残念ながら接触することはできなかった。幸い一年後に再びコンタクトすることができ、今こうして彼女の車に乗って、交通量の少ないポートランドの街並みを抜けているというわけだった。

車はダウンタウンを通り、ロクサンヌが現在住んでいる家に向かった。彼女はメーン州ウィンターハーバーの別荘一軒と、ポートランドに四軒、さらにフロリダ州パームビーチに四軒の家を持っている。この日はポートランド西端、木立が並ぶ由緒ある地域に構えた綺麗な二階建てのレンガ造りの家に車を乗り入れながら、彼女は「自分が今どこに住んでいるか、よくわかっていないんです」と白状した。バーツビーズを売却してから、ロクサンヌが情熱を傾ける対象は不動産になった。家を買い、修繕し、それを売って利益を出しているのだ。

「今は、改修作業の様子を監督するために、この家でキャンプ生活をしているんですよ」

たしかに室内には象嵌細工を施した木材や、まだ途中の塗装などが目立つものの、ノートパソコン一台の他には私物らしきものが何も見当たらない。彼女は移動に多くの荷物を持ち歩かないタイプなのだ。

この家はロクサンヌにとって特別な意味があった。個人的に尊敬する人物、一九二〇年代にメーン州知事を務めたパーシヴァル・バクスターの父が所有していた住居だからだ。バクスターは自然に対する強い愛着を持ち、メーン州で最も高い山であるカタディンという丘一帯の保全に取り組んだ。国会議員および知事としての任期中には志を遂げられなかったが、当時カタディン周辺の土地の大半を有していたグレート・ノーザンという製紙会社が、一九二九年の世界恐慌で売却を決意。六〇〇〇エーカーの土地を二万五〇〇〇ドルでバクスターに売った。バクスターは、「公共の公園として、またレクリエーション目的のために使用されること。野生の状態が保全されること。野生動物と野鳥の聖域として維持され、自動車道路または何らかの道が当該地域内外に建設されないこと」という条件で、その土地を州当局に移譲した。そして、一九六九年に九十二歳でこの世を去るまで公園の拡大に努めた。現在では保護区域は約二十一万エーカーに広がっている。議員としての経験を生かして、公園が独立した権限のもと運営されるようにしたので、今も当局が気軽に土地の利用を変更することはできない。当然、バクスターはメーン州では伝説的人物なのだ。

当時と比べて経済状況がはるかに複雑化した現代でありながら、ロクサンヌはバクスターの功績に匹敵するスピードで行動している。二〇〇三年にバーツビーズを売却し、その収益の半分である約八五〇〇万ドルを手にすると、それを信託に投じた。目標は、バクスターが当初思い描いていたとおりに、バクスター州立公園の東側の土地を買い増すことだ。そうして公園の面積を二倍に増やし、新たに二十万エーカーを保護地域にしたいと考えている。すでに四年で八万五〇〇〇エーカーの買収と保護に成功しており、保護活動家としてはバクスターよりロクサンヌのほうが目覚ましいと言えるかもしれない。現在は法規制も厳しいし、土地への侵入ルートを失う伐採者、狩猟愛好家、オフロードカー利用者の反対にも合っているのだから、なおのことだ。

それでも、こうした仕事でロクサンヌの手がいっぱいになっているわけではない。住宅の改築、メーン州の自然保護に加えて、ウィンターハーバーにインターネットカフェをオープンしたほか、以前はそこで料理学校を開く計画も立てていた。ノースカロライナ州で有機綿素材の子供服を販売する「ハッピー・グリーン・ビー」も、彼女が立ち上げた会社だ。さらにクインビー・ファミリー基金という団体を設立して、メーン州の非営利団体に年間六十万ドルの資金提供を行っている。こうした多種多様な活動を維持するには、州内外の各地を飛び回らなければならない。キャンプ生活をしているように感じるのも無理のない話だったし、実に彼女らしい生活でもあった。何しろロクサンヌ・クインビーの運命は、文字どおりの意味でも比喩的な意味でも、数匹のミツバチとともにメーン州の森で二十三年ほど前にスタートしたものだからだ。

ロクサンヌ・クインビーは製造技師の娘として、マサチューセッツ州ケンブリッジで生まれた。子供時代は引っ越しを繰り返し、最後に同州レキシントンから数マイルの土地に落ち着いて、高校に通った。芸術に興味があり、大学はカリフォルニアのサンフランシスコ芸術学校に進学する。折しもヒッピー文化が全盛で、カリフォルニアでの彼女はその運動に大きな影響を受けた。「清貧の誓いを立てたんですよ」と、旧バクスター邸で紅茶を飲みながら、彼女が言う。私が周囲を見回しながら「それで、どんな効果があったんです?」と尋ねると、ロクサンヌは「こんなふうになるとは予想もしていなかったわね!」と笑った。

大学を出てからは、恋人のジョージとともに東部へ移った。簡素な生活を送ろうと心に決めており、二人で一九七〇年代に流行した「大地へ帰れ」という環境保護運動にも加わったことから、理想的な生き方のできる土地を探して回った。

「カリフォルニア北部、オレゴン、ワシントンなどを見ましたが、どこも高すぎたんです。東海岸か西海岸のどちらかしかないと思って、国を横断して探している途中、バーモント州で会った不動産業者に『三〇〇〇ドルで土地を買いたいならメーン州に行かなくちゃ』と言われました。たしかにメーン州なら一エーカー一〇〇ドルでした。そこで、メーン州バンゴアから八〇キロほど離れたグリフォードという土地に、三十エーカーの土地を買い、小さな小屋を建てました」

そんな生活を選んだ理由を尋ねると、「このままでは人間の運命は絶望的だと確信していたんです」という答えが返ってきた。

「だから、生き残る方法を探すために全力を注いでいました。私の家族は都市近郊に住んでいましたし、私もそこで育ちましたから、〔田舎暮らしを選んだのは〕人生が一変する経験でした。これまで知らなかった方法で自然と触れ合うようになりました。なんせ、すべてがアウトドアだったんですから」

ロクサンヌとジョージが立てた山小屋は、都会的な生活から隔絶された世界だった。電気も水も引かれていなかった。

「燃料は薪でした。食料は地下貯蔵庫や庭に保管し、水は小川で汲んでいました。一日に何度も外に出なければならないので、小屋を建てていた最中なんか、外で寝泊りしていたほどでした。メーン州で屋外にいたら、自分が屋外にいることを強く意識させられます。寒いか、風が強いか、雨が降っているか、太陽が照りつけているか、あるいは何か変な天気になっているか、どれかなんです。あたりはルタバガ〔キャベツの一種〕しか育たなくて、一日三食ルタバガを食べたこともありました」

ロクサンヌとジョージは結婚し、双子が生まれた。都会生活からの乖離はさらに進んだ。

「日中の日差し、夜間の安全。水はどこで汲んでくるのか、食物はどこで採れるのか。ノコギリや斧で薪を割って燃料としていると、家一軒を暖めるのがどれほど難しいか。そういったことに過敏になりました。そうした環境にいたことで、非常に保守的になったんです。二十リットル近いバケツに水を汲んで四〇〇メートルも歩こうものなら、もう水を無駄にはできませんよ。その水で赤ん坊を風呂に入れて、それから床掃除にも使うんです。水を繰り返し使うために、使う順番というものがあるんですよ。そういうふうに物事を考えないと、何度も水を運ぶことになってしまいますから」

断固とした実用主義と、子供のような熱中。私はこうした生き方にはお目にかかったことがないし、少なくともロクサンヌほど深いレベルで実践している人物は初めてだ。自然の慈悲に生かされる生活で、ロクサンヌは頑固になるのではなく、タフになった。環境と結びついて生きるという意識を深め、人間は自然に頼っているという認識を強めた。

だが、都会を離れた生活体験は成功だったにしても、結婚生活はそうではなかった。ロクサンヌは三十代半ばで二児を抱えるシングルマザーになる。離婚の際に住んでいた小屋も手放したので、母子は湖のそばでテント生活をすることになった。テントは二つあり、片方を寝室、片方をリビングとして使った。ある日、湖の向こうから雷雨が迫ってきたことがあったという。

「すごく凶暴な嵐で、本当に怖くなり、テントを出て車に逃げ込みました。そしたらテントが両方とも湖に吹き飛ばされていきました。子供たちがそれを大冒険だと思ってくれたのはよかったのですが」

ロクサンヌはしだいに、そうした生活への疑念を抱くようになっていた。双子の遊び相手は、電気や水の引かれている家庭の子供たちだ。

「向こうの子たちは量販店で売っている服などを着ていました。うちの子を笑い者にさせたくないと思ったんです。他の子が観ているテレビも知らないという、大きなハンデもあったわけですから」

自分で立てた清貧の誓いだったが、それを子供たちに押しつけるのは好ましくないという思いが募っていた。そこで収入を得る方法を模索しはじめる。

一九八四年の春になって、ロクサンヌにチャンスが訪れた。郵便局へ向かうためヒッチハイクをしていたところ、偶然、バート・シャーヴィッツが車を停めて彼女を乗せたのだ。バートのことは知っていたし、見かけたことはあったが、話をするのは初めてだった。

「道端でハチミツを売っている人だったんです。販売スタンドを見かけたことがありました。バートは週末にその場所にいました。ものすごい変人だったので、興味を引かれたんです。私って、変わり者に心を惹かれちゃうんですよ」

ドライブはあっというまで、多くの会話を交わしたわけではなかったが、二人に接点が生まれた。モーテルでウェイトレスの仕事を始めていたロクサンヌのところへ、時折バートが立ち寄ってはお喋りをするようになった。そしてロクサンヌは、夏のあいだの仕事を手伝わせてほしい、養蜂を学ばせてほしい、と頼んだ。バートはタダで得られるものを断るタイプではなかったので、その申し出を受け入れた。

＊
＊
＊

バート・シャーヴィッツはロクサンヌより十四歳年長で、二人が出会った当時は、非常に単純なビジネスモデルを運用していた。ピクルスが入っていた空き瓶を地元のデリからもらいうけ、育てているミツバチの蜜を詰める。それを道端のスタンドで販売するだけだ。年に二、三〇〇〇ドルほどの収入になるので、土地の税金と車の維持費には充分だった。痩せてもじゃもじゃの白いヒゲをたくわえ、孤独を愛し、大きなストーブがある小さな山小屋に住んでいる。自分の土地でのんびりと仕事をするのが好きなので、養蜂はそのシンプルなライフスタイルを維持するにはいい方法だった。

ロクサンヌはすっかり蜂に心を奪われた。

「ハチが大好きでした。養蜂が本当に好きになったんです。生産性と協力を示すモデルを備えていて、一つの世界として完成しています。夢中になりました」

そしてバートという人物に対しても、仕事のプロとして、そして恋愛の対象として、可能性を感じたという。

「私は、彼が必要としている人物じゃないか、彼を変えてあげられる人間なんじゃないか――そんな幻想を抱いたのかもしれません」

バートを変える試みは成功しなかったが、二人の結びつきは十年以上も続いた。バートのビジネスにもすぐに影響が表れた。秋が来て、ハチが冬眠した頃には、バートとロクサンヌの手元には大量のハチミツと蜜蝋が、商品として準備できていた。

「クリスマスが近かったので、ハチミツを贈り物として売れると思ったんです。バートがやっていたような食品としての売り方じゃなくて」

ロクサンヌはハチミツをもっと小型の瓶に入れ、値段を上げて、瓶に装飾を施した（のちに私がバートと話したとき、彼は「ロクサンヌはスプーン単位で売ろうと計画していたよ」と冗談を言っている）。バートから、蜜蝋を使ったロウソクを作ってみてはどうかという提案を受け、本を買ってきてすぐにロウソクを作りはじめる。そして、きれいに包装したハチミツと蜜蝋ロウソクを携え、工芸品フェアでの運だめしに向かった。

「最初は、町の真ん中にある中学校で開催された工芸品フェアでした。そこでハチミツとロウソクを売って、一日で二〇〇ドル稼ぎました。一九八四年十二月のことですよ。すごくハッピーで、もう信じられないくらいでした。『ホントにお金を稼いだ！』って思っていました」

それから五年にわたり、ロクサンヌとバートはメーン州各地の工芸品フェアでハチミツとロウソクの販売を続ける。二、三年ほどで販売量が増え、バートは養蜂の仕事を辞めなければならなくなった。ハチミツや蜜蝋を別の養蜂家から買ったほうが安上がりだったからだ。また、ロクサンヌは同時進行で別の商品にも挑戦しはじめた。

「養蜂業界誌を一八〇〇年代にさかのぼって読みまくり、レシピを探したんです。そうしたら靴磨きクリームの調合方法が載っていました。蜜蝋の入った革用クリームです。だからそれを作ってみて、缶に入れて、ラベルを貼ってみました」

さらにストーブ磨きクリーム、裁縫用ワックスなど、何種類かの商品を開発。その年の第4四半期の売上は七五％がクリスマスシーズン向けのロウソクだったので、季節的変動を均す補完的な商品の検討に力を入れた。その一つがリップバームだったのだ。「家具を磨くワックスと同じなんですよ」とロクサンヌは言った。私は半信半疑だったが、「ラベンダーじゃなくてペパーミントが入ってるだけの違い」なのだという。

このリップバームが、バーツビーズというブランドを真の意味で誕生させた。通常のリップクリームの成分に、スイートアーモンドのオイルとビタミンEを加えている。そしてチューブではなく、家具用ワックスに使っていた丸い缶を容器に採用した。初めて工芸品フェアに持ち込んだ時点で、ロクサンヌはヒットを確信していたという。また、ビジネスを学ぶ機会にもなった。

「大切なのは、自分が手がけている事業に対し、先入観のないまなざしで見つめることです。しばらくは自分の事業が自分でもよくわからないかもしれません。提案に対してオープンであれば、お客のほうが決めてくれることも多いのです」

一九八六年、ロクサンヌとバートはトレーラーを手に入れて、そこで本格的に事業を始めた。

二人で車に商品を積み込み、あちこちの工芸品フェアを回る日々で、後部座席で眠ることも少なくなかったという。だが一九八八年になって初めて従業員を雇う。翌年にリップバームを売り出してからは、さらに人員を増やし、事務所を構えて、カタログ販売も始めた。そして事務所代わりのトレーラーが三台に増えたことから、築一五〇年の建物に拠点を移す。元ボウリング場で、十九世紀に食品雑貨店として建てられたものだが、幅広い商品を販売していたバーツビーズの拠点としては最適だった。一九九〇年にはロクサンヌがカタログを作った。足に塗るパウダーから、犬に与える骨に至るまで、全商品を掲載したカタログだ。また、ブランドを生んだバートという人物に関するエピソードも載せた。彼の愛すべき変人ぶりが強調されるよう、エピソードは慎重に編纂した。カタログ一巻ごとにロクサンヌが少しずつエピソードを書き足していったので、増加しつつあったブランド信奉者のあいだで人気を博した。

〈アクシデンタル・ブランド〉は、ゆっくりと成長するので、その間に顧客に関する大切なレッスンを学べるケースが多い。当時の顧客から何を学んだかと尋ねると、ロクサンヌはいくつか興味深い見解を披露した。

「私が気づいたことの一つは、どれほどロウソクがきれいでも、お客はいつも手にとってひっくり返して底を見る、ということです。『何をしているんだろう、底には何もないのに』って思っていました。立てて置いておくのですから、底はたいらです。それなのに底を見る理由は、そこに何か隠れていないかと思っているのです。底というのは唯一、目に見えない部分ですからね。隠れているものは見たいと思うのでしょう。私は製造担当の女性スタッフたちのところへ戻って、底をきれいに仕上げるよう念を押しました」

当時のロクサンヌは、それをロウソク販売に関する教訓だと感じていたのだが、あとから人間の期待に関するレッスンだったと気がついた。

「ハンドクリームやリップバームのような香りのするものを売っている場合、お客は必ず手に取る前に匂いを嗅ぎます。テスターの蓋を開けて、いきなり肌につける人は絶対にいません。つねに鼻に近づけて匂いを嗅ぎ、それから肌につけ、もう一度肌の上で匂いを嗅ぎます。匂いが非常に重要なんだと痛感しました。香りの問題に真剣に取り組みたいと思いました。香りは包装と同じくらい重要なんです。人間の嗅覚は非常に根源的なもので、脳の中に深く埋め込まれていると学びました。たしか視床下部だったと思いますが。匂いを感じるのは脳の中でもきわめて原始的な部分で、その感覚は否定もできないし、理論的に説明もできません。ひどい匂いのするものには、オエッ！ってなりますよね」

ロクサンヌが香りに関する関心を強めはじめたことから、バーツビーズは徐々にパーソナルケア用品のメーカーへと転換していった。彼女は香水の調合を学び、そこからエッセンシャルオイルの世界にも足を踏み入れた。エッセンシャルオイルというのは、植物から生じる揮発性のアロマを含んだ濃縮液で、元になった植物の独特の香りがある。一般的には水を使った蒸留または冷却圧縮によって抽出するのだが、花は含まれる揮発性オイルの量が少なく、熱に弱く、蒸気を使うこともできない場合が多いため、抽出が困難だ。このため大量生産のメーカーはヘキサンなどの工業溶剤を使って花から香りを抽出する。ロクサンヌは、最終的な商品に石油化学薬品の残留があるのではないかと懸念していた。調合の腕前は伸びていたので、アルコール（完成品には残らない）を使った抽出や、同じく残留物の残らないCO_2での圧縮工程で抽出したエッセンシャルオイルだけを利用することにした。そして、香りは人間に行動を起こさせる強力なトリガーになると実感するようになったという。

「パーソナルケア商品には匂いや香りがあります。その香りが語るんです。ふさわしい物語を語るようにしたいと考えました。石油化学薬品を使い、大量生産された商品の匂いを嗅ぐのと、花から抽出し、受け止める人に対する生きた物語を持った商品を嗅ぐのとでは、脳内で分泌される物質が違います。そのほとんどが無意識の反応です。『ああ！』といった言葉しか出てこなかったりします。そうして、その品物がもっと欲しいと思います。目に見えて態度が変わるのです」

一九九一年には従業員数が二十五人に増えていた。ロクサンヌは一心不乱に働き、業務を采配し、商品を開発し、包装を工夫し、経理業務にも当惑せずに取り組めるように努力した。バートは「彼女は朝四時に起きて仕事に行き、深夜一時まで戻らない日もあった」と語っている。バート自身はそうした生活に興味がなく、バーツビーズが会社として確立するにつれ、関心も薄れていった。ただ、特定の業務に関しては引き続き手を貸していたという。ロクサンヌは、製造と品質管理が特に難しいと考えていた。女性である彼女は、男性から物事のやり方を教わる状況に難儀していた。うまく行かずに自分で機能を調べ、言われたこととは違うと気づかされることばかりだったのだ。

「いつも何かが少し遅れて、作業に余裕がない状態でした。問題を解消するあいだ、業務は立ち往生してしまいます。ＩＴでも、製造でも、経理でも。それが成長のチャンスでもあったのですが。売上に関する問題はありませんでしたが、それは単に需要に応えきれていなかったというだけです。生産状態につねに問題がありました。生産でなければＩＴ、ＩＴでなければ経理に問題がありました。私がうまくやれない部分が、事業全体に影響してしまうのです。私は経理の経験もありませんでしたし、関心もありませんでした。ＩＴのスキルもありませんでしたし、製造の能力に長けているわけではありませんでした。それが事業の弱点になってしまったのです。私は美術が好きなので、唯一、関心を持っていたのはイラストデザインです。それが事業の強みでした。それからマーケティングと販売も得意でした。製造よりも、そうした要素のほうが強かったのです。売上そのものは、私たちの力では対応しきれないほどでした」

一九九三年には、本社として使っている元食料雑貨店に利用価値があることに気づき、そこを小売店として活用しはじめる。商品は何百種類とあり、そのすべてが手作りだった。売上はすでに三〇〇万ドルに達していた。バートが自分でハチミツを売っていた時期の三〇〇〇ドルと比べると、信じられないほどの成長だ。ロクサンヌはこの時点でバーツビーズを法人化し、自分が三分の二、バートが三分の一の株式を持つことにした。だが、バートにはロクサンヌほどの意欲はなかったし、ビジネスにもお金にも興味がなかった。一方のロクサンヌにとってビジネスとはゲームだった。野望の達成という面ではすでに成功していたのだが、事業が拡大するにつれ、メーン州はビジネスにふさわしい州とは言いがたいことが次第に明らかになっていった。

「バートに、バーツビーズのための最後の大きなミッションとして、移転先探しを手伝ってもらうことにしたんです。事業を成長させるにあたって、税制度や規制環境がもっと有利な州を探してもらいました。彼は見事に成果を出してくれましたよ。さまざまな州の商務当局に話を聞きに行って、二、三の候補地に絞り、そしてさらにノースカロライナ州に絞り込んだんです。私たちはノースカロライナに出向いて、現地の人の案内を受け、条件を提示してもらいました。それがちょうど私たちが必要とするものだったので、移転を決めたんです」

移転は容易ではなかった。当時の従業員数は四十四人だったが、ロクサンヌはそのうち貴重な戦力である七人に引越費用の負担を申し出た。四人は短期勤務を条件に同意したが、移転にあわせて正式に引っ越したスタッフは誰もいなかった。ロクサンヌ自身もノースカロライナに生活の拠点を移そうとは考えておらず、高学歴の従業員を雇うことで人材の問題を解決することにした。

「ＭＢＡホルダーの採用を始めました。メーン州なら時給七、八ドルで雇っていた仕事――それも割りのいい給料だったんです——に、ノースカロライナでは十五ドル払わなければなりませんでした」

州が違うと経済条件が根本的に異なるため、事業全体の見直しが必要になった。このタイミングで、ロクサンヌは「80対20の法則」に気づいたという。

「うちの商品の二〇％が、売上の八〇％を占めていました」

この点に気づき、ノースカロライナ州でのハンドメイド製品をめぐる経済を真剣に検討した上で、彼女は一つの難しい決断をした。手作りのロウソク、ハチミツ、その他の利益率が低くて労働集約的な多くの商品をあきらめるべきかもしれない。

「成長し、足場を確立しはじめたものを移転させる場合は、規模を縮小する必要があります。そうすれば、本来なら根幹部分に向けたいエネルギーを細分化させずに済みます。私はバーツビーズの事業を大幅に削減して、新しい拠点に根づかせ、それから縮小した分を回復し、さらに強力にしたいと考えました」

はたして事業縮小は奏功し、ロクサンヌのきわめて楽観的な予測をも上回る成果を出した。一九九五年までに、ロウソクをはじめとする手作り商品のほとんどを切り捨てたのだが、リップバーム事業の強さのおかげで、借入をせずに設備に投資することができた。そして一九九九年にロクサンヌがバートの株式を買い取り、バーツビーズの単独オーナーとなる。二〇〇三年度には、事業は収益六〇〇〇万ドルの大企業へと変貌し、従業員数は二〇〇人を超えていた。

これをさらに次のレベルへと進めようと思うなら、相当の資本に加えて、ロクサンヌの強みとは相容れない、一種の組織管理能力が必要となる。彼女は売却を決意した。

幸運だったのは、非常によく似た性格の協力者に出会えたことだ。ゲイル・ザウダーという女性で、未公開株式をめぐる男性中心の排他的な世界に居心地の悪さを感じて、投資家として独立を決めた経緯があった。ゲイルは、ロクサンヌが、似たようなプレゼンテーションを繰り返すだけの買収候補に次から次へと会うのを嫌がっていることを理解した。そうした打合せは記憶の中で混同されてしまい、それぞれの可能性を検討できなくなる。そこでゲイルは策を練った。事前に打合せ先の企業に連絡して、ロクサンヌ・クインビーは食べ物の好みがうるさいと伝え、変わった食事を用意してほしいと頼んだ。「うるさい」とまでは言わないまでも、食べ物への評価が高かったことは確かで、毎回の料理を記憶し、それと一緒に打合せをした投資家の特徴も憶えることができた。

それまで一度も外部からの資金投入を必要としてこなかったロクサンヌは、株の売買をめぐる世界が自分にはまったく不案内な特殊な領域であることを理解した。「圧倒的なほど男性中心の世界でした」と彼女は語っている。

「会議室で女性は私たち二人だけだったこともありました。オフィスビル内の女性用化粧室の場所を尋ねたら、相手の男性は、女性アシスタントを呼んで聞かなくてはならなかったくらいです」

ロクサンヌは金額だけではなく性格も重要視した。仕入れたハチミツを詰め替えて商品化した際の初期費用は四〇〇ドルだが、当時の彼女にとっては身を切るような金額だったのだ。そうやって自分がゼロから築き上げてきたビジネスを、良心的な人々の手に委ねたかった。彼女はやや変わった方法で相手を判断した。その一つが打合せに持参していたタロットカードだ。各企業の担当者一人に対し一枚のカードを抜いて、その結果に自分の直感が表れると考えた。

「相手の心象が悪かったせいで、二三〇〇万ドルのオファーを蹴ったこともありました。その人は、自分は勝つんだ、どんなことがあってもカネは払う、と言いつづけていたんです」

そこでロクサンヌはタロットカードを出し、男性に一枚引かせた。「悪魔」のカードだった。

この話を聞いた私が、悪い予感とタロットカード一枚で二三〇〇万ドルを蹴るという考えに驚き、思わず一瞬沈黙していると、本人は次のように説明した。

「お金だけのことじゃないんです。相手に身を委ねるということを、ちゃんと理解しなくちゃいけないんですよ。信頼関係がなければ、結果的には相手にひどい仕打ちを味わわされます。お金は実体のないものなんです。きれいなお金でなければ、物事を悪化させる力があるんですから」

最終的に選んだのは、AEAインベスターズという投資会社だ。ロクサンヌはAEA代表のヴィンセント・メイと顔を合わせていた。皮肉なことにAEA側が用意した食事は最悪で、ロクサンヌとゲイルは「最悪ランチのところ」として記憶していた。それが伝わり、のちの打合せでは豪勢な料理が出てきて「我が社の食事がひどいと思っていらっしゃると聞きましたので」と言われたほどだった。合意した買収金額は一億七五〇〇万ドル。そのうち一億五〇〇〇万ドルは現金で、残りは株式で支払われた。ロクサンヌは、所有権移行中の一年間はバーツビーズの経営を続け、それから理事会のメンバーとなった。元ロレアル幹部の男性CEOとは衝突したものの、ロクサンヌは今でもAEAに好意的な感情を抱き、同社の哲学を尊重している。

私がロクサンヌと会ってから半年後、AEAはバーツビーズをクロロックス・コーポレーションに売却している。金額は、現金で九億二五〇〇万ドル。企業価値を四倍にしたのだから、投資会社として見事に成果を出したと言えるだろう。

＊＊＊

ロクサンヌと会った二カ月後、二度目の取材として、今度はバンゴアに彼女を訪ねることになった。ロクサンヌ・クインビーはポートランドに四軒の家を持っているが、三十年以上前に初めて彼女がメーン州内で落ち着いたのは、ポートランドの北東二〇〇キロに位置する内陸の町バンゴアだった。私がバンゴアに赴いたのは二つの理由があった。一つは、ロクサンヌ・クインビーがバクスター州立公園の近くで保護している森林を案内する、と申し出てくれたこと。

そしてもう一つは、彼女の仲立ちで、バート・シャーヴィッツと会うことになっていた——なだめすかして面会を了承してもらったのだ——からだ。その日、ロクサンヌは購入を検討している土地を調べるため、バンゴアから北へ向かう予定があった。私の乗る飛行機の到着が遅れたら、彼女は待たずに先へ行くことになっているので、その場合の私はレンタカーを借りて追いかけなくてはならない。幸い飛行機は早めに到着した。空港前の歩道で待っていると、目の前にピックアップ・トラックが停車して、ロクサンヌが助手席側から顔を出した。そして「デイヴィッド！」と笑顔で呼びかける。「行きましょうか！」

運転していたのは彼女の不動産仲介業者だ。穏やかな男性で、メーン州の材木業界有力者と三十年にわたって仕事をしてきたので、土地をめぐる駆け引きに明るい。私を後部座席に乗せ、二人はこれから見に行く土地について話をしていた。ロクサンヌが守ろうとしている場所の良さが、私にも次第にわかりはじめる。問題は、購入したい土地には何人もの所有者がいたことだった。さまざまな区画がパッチワークのようにつながっており、大半が木材伐採のために使われているが、わずかながら一般の住宅や個人所有の娯楽施設なども点在している。それぞれの場所へのアクセスも複雑だった。特定の会社に通行権を与え、泥道・砂利道の不便な道路網を抜けて材木を運搬させている区画もある。狩猟やオフロードカーの愛好家、スノーモービルを乗り回す人々もこの土地を通る。彼らは土地の所有者ではないし、土地を通る権利を持っているわけでもないが、昔から自由にその道を抜けてきた人々だ。それぞれ独特の集団を形成しているので、彼らと折り合う努力をしなければ、政治的な力にモノを言わせたトラブルを起こされかねない。ロクサンヌはこうしたさまざまな関係者と対立せず、実用的かつビジネスライクなアプローチをとった。目をつけた土地を必ずしも直接に購入するわけではない。その土地の所有者が価値を見出すであろう別の区画を買い占め、交換を申し出るのだ。その過程で狩猟愛好家のアクセスや、スノーモービルやオフロードカーの通行権についても交渉を進める。私が見学した時点では、すでにバクスター州立公園の隣の八万五〇〇〇エーカーの土地を買い押さえ、開発、伐採、狩猟、あらゆる自動車の通行から保護していた。

バンゴア空港を発ってから一時間ほどで、風景が変わりはじめる。カタディン山が目に入ってきたところで私たちは車を停め、山を眺めた。アメリカ東部で二番目に高い頂は、息を呑むほど美しく、七月初旬のその日も、川と青々とした木々の向こうで霧の中に揺らめいて見えた。メーン州でもこのあたりはまだ奥深い自然が残っている。道路や住宅もいくつかあるが、その光景は一八四六年に思想家のソローが登山に来た頃からほとんど変わっていない。私たちは車に戻り、さらに三十分ほど走ったところにあるガソリンスタンドで残りのメンバーと合流した。バート・デウォルフという科学者と、三人の助手たちだ。彼らはロクサンヌが購入を検討する土地の調査に協力するとともに、目にした植物・動物の記録をとる。彼らの仕事は、各区画へのアクセスを考慮し、保護エリアを通らずに車が走れるルートを探し出すことだ。それが、求める土地を手に入れるための対策づくりに役立つ、とロクサンヌは考えている。

メーン州は真夏でも肌寒くなる日があり、その日の私たちもフリースを着込んで立ち話をした。それからロクサンヌとともに店に入り、昼食用のサンドイッチを買い求める。店内に立っていたロクサンヌに、緑の作業着と帽子をかぶった大柄な男が近寄り、「ロクサンヌさんですか?」と声をかけた。

「そうです」と、彼女が相手の目を見て答える。「クインビーさん?」と男がさらに確かめる。「ええ」と答えた彼女に、男は「あんたはこのへんじゃ歓迎されてないよ」と言い捨てた。そして返事を待たずにきびすを返し、店を出て行く。ロクサンヌは一瞬凍りついたが、男が視界から消えると笑い出した。カウンターの向こうのレジの女性はロクサンヌに声をかける。

「あなたは正しいことをしてる、と私は思いますよ。土地を買ったら、他人は入れたくないと思うのが普通ですもの」

公益のために尽力する偉大な活動家の一人として、メーン州の歴史に刻まれるかもしれない一方で、ロクサンヌに対しては、やや過剰反応とも言える反感も生じている。彼女が政治力に著しく欠ける点がその理由かもしれない。問題があると思うと、自分が合理的だと思う方法であっさりと解決しようとする。別荘のあるウィンターハーバーでも、こうした傾向が見られた。彼女は数年前に、町の中心部にあった古びたアパート一軒と、隣接する二エーカーの土地を購入している。そこを修繕して一階にインターネットカフェを開いた。町にとって必要な機能だと思ったからだ。メーン州内の海沿いの町々には古風な趣が漂い、観光客が多く集まる。ウィンターハーバーもそうした地域の一つで、年に二十五万人が訪れるが、緑地もないし公衆トイレもない。ロクサンヌは買収した土地を緑地帯に変えようと考えた。一帯を整備し、ベンチを置き、公衆トイレを設置する。景観が劇的に改善され、土地の価値も上がるだろう。当初は既成事実として公園を作ってしまおうと思ったのだが、市民会議にかけるべきだとアドバイスされた。すると住民の大半が、その場所に駐車場を求めていることがわかったのだ。ロクサンヌは驚いた。駐車場など、彼女には興味のないプロジェクトだ。さらに、ポートランド・プレス・ヘラルド紙がこの論争を取り上げ、記事で繰り返しロクサンヌを「金満家」と表現し、部外者と決めつけた。このときのことを尋ねると、本人は次のように答えた。

「こういうジョークがあるんです。メーン州で、ある男性のお葬式に大勢の人が集まりました。彼は、二歳から七十年間もメーンの町に住みつづけた人でした。追悼の言葉として、友人の一人がこう言いました。『彼はもうほとんど、ここの者と言ってもいいくらいの人物だった』って」

結局、町の住民はかたくなに緑地帯建設阻止の方向に動いた。ロクサンヌは嫌気がさし、あきらめてしまった。そしてインターネットカフェを売却。料理学校を開くプランもあったが、土地利用規制条例に阻まれ、見送った。ゆくゆくは駐車場ができる可能性が高いが、その場合は個人所有の駐車場になり、住民は料金を払って利用することになるだろう。ロクサンヌは愚かしい行為をやすやすと認めるほうではないし、企業家にとって「村《ムラ》の精神性」ほど無意味に思えるものはない。だが、彼女はこの事態を楽しんでいる。最近では、わざと自分で、「彼女は例の場所を売って南へ引っ越すつもりだ」という噂を流した。

「噂が回りまわって、夕方には自分のところに戻ってくる町って、好きですよ」と本人は言う。

この騒動と、バクスター公園周辺の土地買収のさなかで、ロクサンヌはいわば、メーン州内の新旧対立の火花を一手に引き受ける存在になった。州内をドライブして、ちょっと観察してみれば、「ロクサンヌを追い出せ」と書かれたステッカーを貼った車を見つけることができるだろう。

そのバクスター知事がバンパーステッカーのない時代に生きていたのは幸いなことだった。バクスター州立公園近くの木立を抜ける車中で、私は、飛行機の到着が遅れなかったのがいかにラッキーだったか実感した。レンタカーで追いかけるハメになっていたとしたら、カーナビに頼って運転したはずだ。だが、車が走るのは道路などではない——ぬかるんだわだちの跡は道路とは呼ばないはずだ。見学しようとしている区画は現在契約交渉中で、まもなく締結するとロクサンヌは期待している。ここは、正確には保護対象地域ではない。契約が成立したら、本当に手に入れたい土地との交換先にするつもりの場所だ。そうすればスノーモービルも引き続き通行ルートを確保することができる。期待どおりに契約が進めば、スノーモービル所有者たちとの争いは終了し、ロクサンヌが守りたい土地を彼らが走行することはなくなる。デウォルフの調査で、橋や障壁を設置可能な場所を特定してはいたものの、スノーモービルやオフロードカーのような小型車からメーン州の自然を完全に守るのは、きわめて困難である。

唯一の希望が、愛好家たちが自主的に注意しあってくれるよう説得することなのだ。

数時間のドライブと、雨天のもとでのランチを経て——天気は時々刻々と様変わりし、抜けるような青空と突然の豪雨の両方を経験した——私たち一行はバクスター州立公園と接する土地で車を降りた。ロクサンヌはこの土地を保護したいと考えている。バクスター公園とを隔てる小川に橋がかかっているが、すでに公園管理者はこの橋を撤去することを約束している。助手がしゃがんで植物を調べているあいだ、ロクサンヌ、デウォルフ、不動産業者の三人は頭を寄せ合い、この土地を自然に返す最善の方法について話し合っていた。ロクサンヌは橋を支えるコンクリート土台の除去を提案していたが、デウォルフの意見では、撤去作業によって環境改善よりもダメージをもたらす可能性があるという。いつかは自然の力で、残された土台の悪影響も消えていく。私たちはそこでいったん別れ、バンゴアに向かって引き返した。

翌朝、私はグリフォードの川沿いで緊張しながら人を待っていた。バーツビーズが一九九三年にメーン州を離れるまで拠点としていた元食料品店の近くだ。私が座っているあずま屋も、バーツビーズゆかりの場所である。ロクサンヌもバートも一日中室内で働くタイプではなく、口実を作っては外出していた。就職希望者の面接をするときは、遠くに川と小さなダムを見晴らせるこのあずま屋を会場に使っていたという。

待つこと十五分。バートが、やんちゃなゴールデンレトリバーを連れて、用心深げな足取りで近づいてきた。彼は、私が予想していたイメージとは違っていた。たしかにリップバームの缶に描かれているイラストに似ているが、電気も水も引かずに暮らしている男と聞いて思い描いていた姿よりも、ずっときちんとした身なりをしている。身につけている衣服やアクセサリーには、それぞれエピソードがあった。漁師のものに見える帽子は、実は米陸軍特殊部隊の帽子で、軍の余剰物資から購入したのだという。ボロボロに日焼けしたカンバス地のブーツはヴィンテージで、イスラエル陸軍が砂漠で使っていたもの。滅多に手に入らない品物だ。灰色のウールのベストは高級ブランド「ウーリッチ」の商品で、そのベストの下に着ている薄紫色のシャツは「オックスフォード」ブランド。ガレージセールで見つけたという。ベルトのバックルはミリタリー・アパレルブランド「USキャバルリ」で、ベルト本体は友人の馬具職人による手作りだ。

バートはジャーナリストに対して相反する印象を持っているらしい。取材の録音は拒んだが、私が走り書きでメモを取るのを待ったり、発言を繰り返すよう乞われたりするのは一向に気にならないようだった。当初は面会自体に乗り気ではなく、真っ昼間に公共の場所で会うと主張したが——それは私にとっても別に問題ないことだ——そのあとすぐに、時間があるならキャンプを見せると申し出てくれた。だが、私が立ち入った質問をするたび話を止め、しかめっ面をする。そして私の本や出版社や執筆内容について、質問を倍にして浴びせ返してくるのだった。

バート・シャーヴィッツはニューヨークで生まれた。本人いわく学校嫌いで、高校を出たあとは州外の大学に二年間通ったが、中退して実家に戻る。各地を放浪したり、二年間は陸軍第三歩兵師団に従事してジョージア州フォートベニングやドイツに赴いたりした。軍では歩兵として働き、次に対戦車砲を積んだジープの運転手となり、最終的には第三医療大隊の専属カメラマンになった。帰国後は、マンハッタンの実家に身を寄せながら写真学校に通う。そして暗室用の部屋を借り、フリーランスのフォトジャーナリストとしての仕事を探すかたわら、別のカメラマンの助手として働いた。

ブレイクの機会はすぐに訪れた。カトリック系の雑誌から、ニューヨークのウィリアムズバーグ一帯に住むルバビッチ派コミュニティの取材を依頼されたのだ。そうして実績を積むにつれ、飾らない誠実な姿勢も手伝って、より大きな仕事が舞い込むようになる。一九六〇年代初期からはタイム・ライフ社の特派員を務める。環境問題をテーマとする討論集会「アースデイ」の第一回が開催されたときには、ライフ誌の見開きページに彼が撮った写真が掲載された。ゴミの山の向こうに自由の女神像が見えるという写真だ。まだ生まれたばかりだった環境保護運動にとって、一種のスローガンの役割を果たした。政治の世界にもカメラを向け、マッカーシー時代に「赤狩り」を推進した元検察官、ロイ・コーンの公聴会での姿をはじめとして、当時の有名人を写真に収めた。中でも最もドラマチックなのはマルコムXの写真で、これは今でもタイム・ライフ社の記録保存室で見ることができる。彼はつねにローアングルか斜めの角度からマルコムXを撮影した。生前のマルコムXの存在感とドラマ、そして葬儀で見られた慟哭を切り取って描き出している。

バートはフォトジャーナリストとしての仕事の都合上、ニューヨークに住みつづけていたが、成功の陰で都会の環境への不満を募らせていった。一九七〇年には州の芸術評議会からクリエイティブな活動のための補助金を受け、ニューヨーク州郊外のウルスター郡に引っ越す。都会には二度と戻らず、フォトジャーナリストとしての仕事も、結局は捨ててしまった。そして、少しの労働で自然と触れ合える仕事を転々とする。最初に見つけた仕事はコテージの管理人だった。それから印刷所で植字の仕事も手がけ、そのうち養蜂をしている男性と知り合う。養蜂ならそれほど時間をかけずに食い扶持を稼ぐことができると聞いたことがあったので、二人の養蜂家のもとで別々に見習い修行をして、技術を学んだ。建物に巣を作ったハチの除去を請け負い、巣からハチミツを採取しつつ、タダでハチを仕入れる方法も身につけた。ウルスター郡で十年にわたって養蜂を続けたが、土地の値段が上がり、転居を余儀なくされる。数年後のロクサンヌと同じ理由で、北上してメーン州を目指した。

バートはすでに他人との交流を避けて暮らしていたが、メーン州なら、ますます自然と触れ合って生活していけると考えた。そこでささやかな土地を買い、自分でキャンプ――メーン州では、野外に立てたテントだろうと、山小屋だろうと、粗雑な造りの住居だろうと、自分の手で建てた住居のことを「キャンプ」と呼ぶ――を立てる。ロクサンヌと出会った当時は、機械工場の駐車場で自家製のハチミツを売っていた。そこでは週末ごとに、魚や農作物などの行商人が集まる巨大な市場が開かれていたのだ。

私がバートにロクサンヌのことを尋ねると、彼女の人生に対する称賛と非難が同じ深さで返ってきた。「ピストルから飛び出した弾よりもエネルギッシュだった」と彼は言うが、それは完全なる賛辞というわけではない。バート本人にしてみれば、事業構築など一度も興味を持たなかったし、ロクサンヌがバーツビーズの拠点をノースカロライナに移した時点で、自分は喜んで引退した。だが、今でも自らの名前を冠する会社とつながりが切れたわけではなく、かつてロクサンヌがCEOだった時代にそうしたように、PRイベントに担ぎ出されることもあるという。

バート自身は、自分が求める生き方をはっきりと理解している。七十二歳の彼には、一時間かけて犬をブラッシングしたり、一日かけて芝刈り機の修繕方法を考えたりする自由がある。取材の終盤になって、私は彼の古いメルセデスのステーションワゴンでグリフォードからパークマンという土地へ移動した。ロクサンヌが所有するその土地で、彼は今も生活している。彼の「キャンプ」は、二階建ての小さな建物だ。大きなストーブが置かれているが、室内の広さはどう見積もっても十坪にも満たない。ここから丘を登ってすぐの場所には、ロクサンヌが十三年間住んでいた家が空き家として残っている。こちらも最初はこじんまりした小屋だったが、徐々に部屋数を増やし、便利な設備を整えていった。そうは言っても最終的に引き払った時点――彼女がまだ、売上高三〇〇〇万ドルの会社のCEOだった頃だ――でも、寝室が二部屋しかない普通の住居だ。今の彼女の持ち家の一つである旧バクスター邸のリビングより小さい。

ロクサンヌに、昔の家と、バートと初めて会った頃に住んでいたテントについて水を向けると、彼女はこう言った。

「今の私にはそれが必要ですね。この夏はテントで暮らすべきかもしれません。だから今の私はどこにいても自宅にいる気がしないのかもしれませんね。本当は、私には簡素な生活が必要なはずなんですが」

終　章

The Accidental Brand-Builder in You

〈アクシデンタル・ブランド〉を築く6つのルール

さて、〈アクシデンタル・ブランド〉はどのように生み出されるのか。ごく普通の人間が、いったいどのようにして大規模かつ価値ある消費者ブランドを創るのか。さらに重要な点として、自分にもその力があるかどうか、どうやって見極めればいいのだろうか。

議論を先に進める前に、冷たくも厳しい真実をお教えしよう。私が本書で紹介した企業家は、とてつもなくラッキーだったのだ。本書に収録する企業家を選ぶにあたって、候補者をリストアップして絞り込んだのだが、選外となった何十人という企業家たちも、同じく非常にラッキーだった。もちろん、運の力だけで事業が築かれたわけではない。多くの労力が注がれ、計画が練られ、いくつかの優れた判断が下された。しかし運に恵まれ、それに加えてタイミングに恵まれなければ、彼らがビッグなビジネスを生み出す可能性はなかったかもしれない。たとえば、ベイビー・アインシュタインの乳児向けビデオ「ベイビー・モーツァルト」が発売された数週間後に、赤ん坊にモーツァルトを聴かせれば知能の発達につながるという研究結果が発表された。これがベイビー・アインシュタインの成功を助けたのは確かだ。自然派化粧品のバーツビーズは、環境保護運動の高まりに乗じることができなかったとしたら、はたして成功していただろうか？　誰にもわからない。だが、無縁だったとも言い切れない。

その一方で、〈アクシデンタルな企業家〉たちを成功に導いた幸運が舞い込まなかったとしたら、彼らが絶対に成功しなかった——というのも、また想像しにくい話なのだ。当初の事業のあとに立ち上げたビジネスでも才能を発揮した企業家もいる。栄養補助食品メーカーのクリフバーを創業したゲイリー・エリクソンは、クリフバーに加えてワインビジネスを立ち上げ、こちらも成功させている。ジュリー・アイグナー・クラークは、ベイビー・アインシュタインをディズニーに売却したのちに、「ザ・セーフ・サイド」という事業を始め、子供の安全に貢献し、その功績を大統領一般教書演説で称えられた。バーツビーズのロクサンヌ・クインビーは、メーン州で最も有名な慈善家として名を刻まれるだろう。大富豪だからではない。その商才を土地購入事業へと転じ、バーツビーズ売却のわずか三年後には、同州で二番目に大きな環境保護地区を築き上げたからだ。

つまり読者が、運命という追い風を帆に受けて海へ漕ぎ出す幸運に恵まれないとしても、こうした企業家から学べるものはあるはずだ。幸いにも、重要なのは金持ちの家系に生まれることでもないし、学歴の高さでもない。本書には一流大学を出た企業家は一人も登場しないし、大学を出ていない者すらいる。パトロンも必須ではない。アパレルブランドであるコロンビアスポーツウェアの「母」として知られるガート・ボイルは、自宅と実家の両方を失いかねない状態で、事業の継承を決意した。ゲイリー・エリクソンは、月三〇〇ドルの家賃も払えず、ガレージに寝泊りしながら、一作目の商品を開発した。ヒゲ剃り用品のジ・アート・オブ・シェービングのエリック・マルカは、一号店を開く資金を捻出するために、自分の車を売った。ロクサンヌ・クインビーは、最初の商品だった瓶入りのハチミツを売り出した時点で、双子の娘とともにメーン州でテント暮らしをしていた。

そうした彼らの姿を考察することによって、以下に挙げるとおり、「普通」から「特別」を生み出す六つのルールが浮かび上がってくる。

ルール① 細部にまでこだわり、労を注ぐ

企業のブランドマネージャーだった頃の私は、企業内で成功する秘訣は物事をとにかく先へ進めること、細かい点に労力を割かないことだと学んだ。もちろん一般消費財や広告制作ではあらゆる点に気を配るべきなのだが、最大の目標は時間どおりにきちんと完成させることだからだ。そうした環境では、とてもではないが完璧主義者ではいられない。

〈アクシデンタル・ブランド〉は、それとは正反対だ。本書で取材したブランド創立者は、全員が完璧主義者だった。大問題だけに関心を示すのではなく、細かいディテールに偏執的な

ほどこだわる。実は、本書の原稿をそれぞれの企業家に確認してもらったところ、句読点の打ち方まで修正指示をしてきた人物もいたほどだ。自分の章について十四ページにもわたるコメントを送ってきた人物もいた――担当編集者以上の熱の入れようだ。同僚や関係者の取材でも、多くが似たような反応だった。彼らが使っている研修マニュアル、チラシ、新製品発表などの文書も、すべて念入りな吟味を経て作成されている。

こうした企業家たちが教えるのは、「本物《オーセンティックな》のブランドは細部への配慮によって生まれる」という点である。ブランドに興味を示した消費者は、非常に細かいことを意識する。新しいフードプロセッサーを買う場合、消費者がチェックするのはニンジンのスライス具合や、ピューレ状になったトマトの様子だけではない。ピューレになったトマトを、フードプロセッサーからボウルへと簡単に、こぼさずに移すことができるか。モーターを濡らさずに本体を洗えるか。パーツを食器洗浄機にかけられるか。こうした些細なポイントを見れば、その製品が、実際に料理する人間の手によって設計されたかどうかがわかる。自分が購入したフードプロセッサーに何か問題があったときには、実際に使用している人に相談したいものだ。そうして消費者は、自分が買った商品は単なる大量生産商品ではないと感じるようになる。ブランドを「フードプロセッサーの専門家」と感じるようになるのだ。

細部へのこだわりこそ、その分野の専門家だと消費者にアピールするための最善策だ。少女向けの人形や衣服のブランド「アメリカン・ガール」の店舗に足を踏み入れれば、あらゆる部分への配慮が感じられる。少女と人形の触れ合いを理解して、それと徹底的に調和した環境を創り上げている。ディズニーもしかり。ディズニー・ワールドのパレードで馬を見ても、馬糞を目にすることはない。なぜか？　そこはおとぎ話の世界であって、おとぎ話に出てくる馬は粗相をしない、とわかっているからだ。ディズニーは多大な労力を割いて、そうしたディテールをしかるべく整える。具体的には敷地全体の地下にトンネル網を設けて、馬の落し物をシャベルで片づけるスタッフを配備し、来場者の目に触れないようにしているのだ。

アップルも細部にこだわって大成功を収めた企業である。私が使っているiMacは、本体がルーサイトというアクリル樹脂で覆われている。この外観を実現するためには新たな製造工程を確立する必要があり、当然ながら費用がかさんだ。〈アクシデンタル・ブランド〉の構築者であるスティーブ・ジョブズ率いるアップルには、その外観をあきらめて費用と手間を浮かすという選択肢もあった。だが、アップルはどうしてもそのデザインに固執した。細部まで完璧に美しい製品にしたかったからだ。iPodも同じだ。他社のMP3プレーヤーと比較すれば、同様の哲学の違いが見て取れる。

アップルやディズニーは、世界的大企業としては例外的な存在である。だが〈アクシデンタル・ブランド〉としては典型的だ。クリフバーのエネルギーバー「ルナ」は、ゲイリー・エリクソンが完璧なレシピを求めてキッチンで試行錯誤して誕生した。通信販売のJ・ピーターマンを立ち上げたジョン・ピーターマンは、レイアウトと装丁の美しいカタログを作成し、ニューヨーク・タイムズ紙で「詩人の商人」と評された。同社のカスタマーサービス係の応対も完璧だ。それは研修の成果であると同時に、カタログ掲載商品の実物を五歩以内で手に取れる場所で待機しているためでもある。実際の商品を手にしながら顧客と話せるようになっているのだ。自然派化粧品バーツビーズ創業者であるロクサンヌ・クインビーの場合は、養蜂の技術と、ロウソクやリップバームを手作りする方法を自ら習得してから商品の販売を始めた。

こうした例から得られる教訓はシンプルだ。「小さなことに一生懸命取り組め」である。消費者とブランドとのかかわり方をあらゆる面から理解し、そのすべてを確実に演出する。コスト削減のためだけの妥協は一カ所たりとも許してはならない。ブランドが消費者に尽くせば、見返りとして消費者が利益をもたらしてくれる。他のブランドと価格競争するよりも、ずっと賢い手法だ。

ただし一点、注意を喚起しておかなければならない。細部にこだわることと、細部をがんじがらめに管理したがることは、まったくの別物だ。ベイビー・アインシュタインのジュリー・クラークがそうだったように、従業員数が十人を超えない事業であれば、自分だけですべての決定権を持つことも可能だろう。だがブランドが大規模になれば、他人に責任を託さなければならない。責任分担を成功させるコツは、自分と同じように細部にこだわる人材を選び、同じように物事を見るよう訓練することだ。創立者の目と、ブランドの遺伝子を受け継がせることだ。自分と同じようにブランドの実際の消費者であり、ブランドが応えているニーズを身をもって知っている人材でなければならない。それを徹底しないと、ブランドの繁栄はもちろん、部下を維持することすら困難になる。ただ細部にうるさいだけの独裁者のもとでは誰も働きたがらないからだ。本書に登場する〈アクシデンタル・ブランド〉構築者たちがそうした独裁者でないことは、当初の事業だけではなく、のちに立ち上げた新事業にも従業員が数多くついていった点に表れている。ロクサンヌ・クインビーとジュリー・クラークが始めた新会社の従業員は全員、最初の会社のスタッフだったメンバーだ。ジョン・ピーターマンは会社を倒産させてしまったが、立て直して再び営業を始めた時点で、多くの従業員が戻ってきた。優れた管理者でなければ、こうした忠誠心は絶対に生まれないだろう。

ルール② 違うと思うものに闘いを挑む

どの〈アクシデンタル・ブランド〉も、模倣に過ぎない商品を作るだけだったとしたら、今の成功には至らなかった。何らかの形でまったく新しい商品を提供したからこそ、現在のポジションを獲得したのである。しかもその過程で、あるときは他のブランド、またあるときは他の手法に闘いを挑んでいる。『The Culting of Brands』の著者ダグラス・アトキンが呼ぶところの「他者」、すなわち敵対するイデオロギーを明確化すれば、必然的に自身のブランドを定義する助けになるからだ。強い信条を打ち出し、そこに消費者の同意を集めることができる。明確なブランド理念の創出は、ロイヤルティの高い顧客基盤を構築する重要な要素だ。アトキンは例としてアップルの戦略を挙げている。アップルは当初、IBMを仮想敵国に仕立て上げ(「1984」のコマーシャルが最高の例だ)、のちにはマイクロソフトを悪者にしてみせた。

本書に登場する〈アクシデンタル・ブランド〉は、いずれも何かにケンカをふっかけている。J・ピーターマンのカタログには一ページに一商品しか掲載されておらず、一般的な商品写真も宣伝文句も載っていない。味気ないだけの合理主義を貫く他社のカタログに真っ向から対抗する姿勢をとったのだ。通信販売という購買スタイルは、ゆっくりと満足感を得るものでなくてはならない。瞬時に得られる充足ではなく、待つ楽しみを与え、結果的に後者のほうが大きいと実証してみせたのである。

情報交換コミュニティサイト「クレイグスリスト」の創立者であるクレイグ・ニューマークは、三行広告の世界に民主主義をもたらした。利用者同士が「売ります・買います」といった情報を無料で交換できるようにし、利用者が望んだ機能だけを追加していった。クレイグスリストが軌道に乗り、一般的な企業広告を受け入れれば莫大な利益になることが明白になってからも、彼はそうしなかった。たった二つ、求人情報と不動産情報に広告費を課すにとどめたのである。しかも、どちらの料金も他のサイトに比べればかなり安い。シンプルだが画期的な哲学「(利用者を)縛らないこと」を守り、あくまで利用者にとって便利でコストのかからないサイトにした結果、今やクレイグスリストは、ページビューが米国ランキングでトップ10に入るサイトとなった。ニューマークは物々交換の商業化に逆らうことによって、ロイヤルティの高い利用者を獲得した。

自転車選手だったゲイリー・エリクソンは、栄養補助食品は効果があればまずくてもいい、とは思わなかった。自転車仲間はエネルギーバーを単なる「燃料」と考えていたが、エリクソンはクリフバー社を立ち上げて、本当においしい携帯食品を作ろうと必死に取り組んだ。その開発段階で原材料となる食品自体も身体にいいことに気づき、有機食材を取り入れて商品数を増やすに至った。

ミリアム・ザオイとエリック・マルカは、女性っぽさを感じさせない男性用スキンケア用品を生み出した。彼らはメトロセクシャルの流行に安直に乗ることは拒みつつ、それを踏み台として活用している。二人が立ち上げたヒゲ剃り用品専門店ジ・アート・オブ・シェービングの店舗には、漆黒の木材を使い、レトロな容器や理容店の椅子など古風な小道具を持ち込んで独特の雰囲気を漂わせ、シェービング業界全体の方向性との違いを前面に打ち出した。それが結果的には功を奏しているのだ。

ジュリー・アイグナー・クラークは、乳児を対象とした素朴なビデオを制作した。大人を意識したビデオ制作の慣例や販売方法のルールをすべて無視した結果、彼女のブランドであるベイビー・アインシュタインのビデオは、手作り感あふれる作品になった。消費者と同じ子持ちの女性と、その子供が登場する可愛らしいビデオは、「企業臭さ」をまったく感じさせない。そのおかげでビデオは消費者にとって「特別なもの」と受け止められた。

コロンビアスポーツウェアのガート・ボイルは、アウトドアウェア・メーカーの慣習的な販売戦略――斬新だが非常に高価な商品を売るか、もしくは安いコピー商品を売るか――のどちらも認めなかった。彼女は確固たる倹約ぶりと決意をもって、「頑丈かつ斬新なデザインで手頃な価格の商品群を生み出す」と約束し、消費者の心をつかんだ。

バーツビーズのロクサンヌ・クインビーも、効果の高いボディケア商品を開発するにあたって、薬品や化学成分が必須だとは考えなかった。リップクリームからシャンプーに至るまで、化粧品は自然と共存可能だと証明しようと試みたのだ。バーツビーズの化粧品は、彼女が同ブランドを立ち上げた当時の大手ブランドのほとんどを否定する商品だった。

読者には、「私が正しく、他のブランドはすべて間違い」と声高に主張するだけの覚悟があるだろうか。その答えが、優れたブランド構築に必要な情熱の有無を判断する基準となる。大企業はリスクを嫌う。だからこそ、スーパーの棚には同じ商品が何種類も並んでいる。練り歯磨きが二十二種類、食器洗浄機用洗剤が十四種類も、本当に必要だろうか？　答えはノーだ。しかし、まったく新しいブランドを構築することのリスクを考えると、そうした結果に落ち着いてしまう。その点〈アクシデンタル・ブランド〉は、現状維持に真っ向から逆らう道を歩むことによって真のリスクを背負うが、それだけの成果を得ている。ブランドの理念に賛同するロイヤルティの高い消費者は、高価格でも喜んで払ってくれるからだ。

ルール③　自らがブランドの消費者になる

〈アクシデンタル・ブランド〉の企業家と、一般的なマーケターとの最大の違いは、前者が自社商品の消費者であるという点だ。私はジョンソン・エンド・ジョンソンのブランドマネージャーとして、女性用の衛生用品とボディケア用品を五年近く担当した。その間、自分がかかわったブランドの商品は、たとえゼロから立ち上げたブランドの商品であっても、一つとして使ったことがない。そもそも男である私が女性限定の商品の担当になった背景には、「消費者は定量調査で理解できる」「意見が聞きたければフォーカスグループ調査をやればいい」という思い込みがあった。しかし実際問題として、男性に女性の気持ちはわからない。ブランドマネージャーとしての私の感覚は、実際に女性が商品を選ぶ感覚とは大きく異なっていた。

〈アクシデンタル・ブランド〉は、必ずと言っていいほど、創立者が自分自身の問題を解決することによって誕生している。ベイビー・アインシュタインのジュリー・クラークの場合、一人目の子に見せたいと思えるビデオがなかったので、二人目のために自分でビデオを作った。クリフバーのエリクソンは、他社の栄養補助食品がまずくて二口目を食べられなかったからこそ、自分がおいしく食べられる食品を作った。J・ピーターマンのピーターマンは、自分が買って愛用していたコートを販売し、その後も自分が本当に気に入った商品だけを販売した。そんなふうに自分自身の問題を解決しようとすれば、必ず細部にまで気を配るものだ。むしろ、実際に使ってみないと、商品や包装、カスタマーサービスの細部を見極めることは困難ではないだろうか。

自分自身が消費者となるべき理由は、もう一つある。それが真のビッグアイディアを見極める力になり得ることだ。バーツビーズのロクサンヌ・クインビーは、当初は手作りのハチミツとロウソクを販売していたが、ビジネスが開花したのは彼女自身のアイディアでリップバームを商品化してからだった。ゲイリー・エリクソンが周囲の反対を押し切って、あくまで消費者の声に応えるために開発した新ブランド「ルナ」は、旗艦ブランドである「クリフバー」よりも大きなビジネスになった。コロンビアスポーツウェアは帽子屋としてスタートしたが、スキー用のパーカーで成功し、ニッチな市場を確保するまでかなりの紆余曲折を経た。だが、いずれの会社でも唯一変わらなかったのが、コアな消費者と共有する価値観だ。最初の商品で大ヒットはしなくても、核たる顧客の層から離れることなく、商品を使う当事者の意見を尊重したからこそ、成功につながる商品を見出せたのである。

ルール④　岩にしがみついてでも続ける

本書で取り上げたブランドのほとんどが、十～二十年もかけて、売上二〇〇〇万ドルの規模に到達している。最初の数年は、信じがたいほど売上が伸びない。ピーターマンは、J・ピーターマンをたたもうと思った時期があるそうだ。彼は以前にもベンチャー事業を立ち上げては、同じような局面にさしかかり、店をたたむハメに至った。通信販売事業も絶望的と思われたのだが、社員と顧客と債権者に対する責任があったので、辞められなかった。そうした時期を乗り越えて初めて、J・ピーターマンは飛躍的な成長を遂げはじめたのである。

ブランディングの教祖セス・ゴーディンは、著書『ダメなら、さっさとやめなさい！』（有賀裕子訳、マガジンハウス、二〇〇七年）で、この現象を明快に説明している。「運命の谷（ディップ）」から這い上がるには、谷底に落ちたと理解するだけではダメだし、突き進む忍耐があるだけでも足りない。谷から這い上がろうと突き進むべき「時」かどうかを見定めねばならない。ゴーディンは「自分はその事業内容に対する商才があるのか、顧客の役に立っているのか、努力を続ける情熱があるかどうかを見極める必要がある」との旨を述べているが、私も同感だ。とはいえ、とんでもない幸運に恵まれない限り、成功への道のりはゆっくりとしか進まないし、苦悩と自問自答の時期は避けられないのである。

ルール⑤　消費者の心に響く神話を創る

神話創出の重要性については、いくら強調しても足りないように思う。消費者がブランドに求めるものは、専門性、一貫性、そして真実味《オーセンティシティ》、本物らしさだ。消費者は、森の中の平地を散歩するだけであっても、ヒマラヤ山脈を歩くハイキングの達人が履くのと同じ靴を欲しがる。ハイキング愛好家が自分用の靴をデザインし、それを履いて滑らずに歩く姿を見た仲間たちが、こぞって同じものを使いはじめた――というエピソードを聞けば、その品質に対する信頼は高まる。

ブランド誕生にまつわる神話を創出するコツは、伝えたい事実を厳選し、最適な伝え方をすることだ。「mythology（神話）」という言葉は、ギリシャ語で「物語」を表す「mythos」と、「演説、議論」を意味する「logos」の二つの言葉を語源に持つ。ブランドの神話を創るなら、ストーリーと伝え方の両方を考慮しなければならない。単純に聞こえるが、これは決して簡単な話ではない。

たとえば、ミリアム・ザオイとエリック・マルカがジ・アート・オブ・シェービングを設立するにあたっては、複数の理由が介在していた。第一に、ミリアムはフランスに住んでいたとき、スパを経営したいと常々思っていた。第二に、エリックと一緒にマンハッタンで小さな小売店を開こうという約束をした。第三に彼女は、カミソリ負けしやすいエリックが快適にヒゲを剃れるよう、ヒゲ剃り前に塗るプレシェービングオイルを考案した。こうしたエピソードは、どれもジ・アート・オブ・シェービング誕生のきっかけを語る実話だ。だが、ブランド誕生の神話として伝えるには、第三の話が最もふさわしい。よって、会社のパンフレットには、「ミリアムがエリックのためにプレシェービングオイルを考案したことがきっかけで生まれた」と記されている。同社の従業員に尋ねても、この話が返ってくる。

ジョン・ピーターマンも、同様の効果を理解していた。第一に、通信販売J・ピーターマンを立ち上げたときの彼は、起業して成功する道を模索していた。第二に、着ていたコートの評判がよかったので、それならこのコートを販売すれば儲けになるだろうと考えた。第三に、彼が最初にそのコートを買ったのは、普通のトレンチコートよりも自分の個性を表現できると考えたからだ。そこで最後の理由（「個性を表現できる」）だけを叙情的に描くことで、「コートが自分に不思議な魅力をもたらした」という神話を作り出した。カタログで細心の注意を払ってそのエピソードを披露し、神秘的な雰囲気を広げていった。J・ピーターマンのカタログは、そこに掲載する神話で読み手を引き込むことに成功したのだ。

誕生の神話がロマンティックなものでなくても、自分が抱えていた問題を解決して起業に至ったなら、それがそのまま神話になる。詳細に描写されるストーリーは、どんなプレゼンテーションや広告にも勝る宣伝になる。神話が優れていれば、消費者からの見返りとなって戻ってくるはずだ。

ルール⑥　ブランドを育てた人々に誠実になる

育ててくれた消費者をないがしろにするブランドは、必ずトラブルに陥る。スケートボードブランドが、一部のモデルを大量生産してチェーン店に卸したいがために、専門店向けのボード生産を中止したら、コアなファンを見捨てたも同然だろう。座席の広さとサービスの良さを売りにする航空会社が、食事を有料にして、競争のために座席を狭くしたとしたら、常連客もそのブランドを嫌いになるだろう。こうした行為自体が必ずしも悪いわけではない。だがそれは、企業が特別な存在となった所以を忘れて、利益重視に走った証拠だ。

ボルボが安全性のアピールを忘れ、自社の車がどれほど魅力的で美しくてスポーティであるか印象づけようとすれば、子供を乗せるから一番頑丈な車を買いたいと切望する消費者の心は離れていく――ボルボをアメリカで成功させたのは、まさしくそうした親心だったというのに。あるいはウォルマートがファッションショーを始めて、高級ファッション誌に広告を出すようになったらどうだろうか。ウォルマートという会社を支えてきた平均的共働き世帯の消費者は、「ウォルマートは自分たちを捨てた」と思うだろう。

こうした例から何が学べるだろうか。ずっと支えてきてくれた消費者のことを忘れずに、彼らの声に耳を傾けつづけることだ。事業が成功しはじめてから、勝ち馬に乗ろうと群がってきた人の意見に振り回されてはいけない。ブランドの成功は、コアな消費者を確立した魅力に基づいている。ナイキの生みの親フィル・ナイトは、陸上コーチの協力のもとでスニーカーをデザインし、それを車のトランクに積んで売り歩いて、熱心なランナーの尊敬を集めた。何十億ドルも売り上げるブランドとなった今、そんなランナーたちがナイキの売上に貢献する額は微々たるものだ。それでもなお、彼らの声に耳を傾けている。なぜか？　熱心なランナーがベストだと思って履いているスニーカーを、一般消費者も欲しがるとわかっているからだ（私が「プロのランナー」と言わなかった点に注意してもらいたい。熱心なランナーとは、プロの陸上選手とは限らない）。

自分が自分のブランドのコアな消費者であれば、話は簡単だ。ブランドを立ち上げたときの信条を忘れさえしなければいい。忙しさにかまけて、コアな消費者のことを忘れてはいないだろうか？　彼らの意見に耳を傾けてほしい。自分がかつて出張の多い過酷な企業戦士で、そこから抜け出すためにビジネスを立ち上げたのなら、そうした境遇の仲間との付き合いをなくさないことだ。会社を無機質で顔のない存在にしてしまってはいけない。どんなことをしても、ブランドを大きく育ててくれた人々には誠実でありつづけなければならないのだ。

まとめ――〈アクシデンタル・ブランド〉を築くには

ここに挙げた六種類のルールを守ればリッチになれる、次なるブランドの成功を保証できる、などとうそぶくつもりはない。重要なのは、これらのルールはいずれも昨今の通念とは相容れないものであると認識することだ。成長をあえて押しとどめ、市場の大半を手放したほうが得策という場合もある。ビジネスマンの多くは、商品を迅速に多数の消費者の目に触れさせなければ失敗すると信じているが、そうした意見は無視することだ。ごく少数の消費者のニーズに絶妙にマッチするビジネスの創出に集中すべきである。熱狂的に喜ぶファンを生み出すことができれば、成功を確信できる。スターバックスはそうした基盤を築いたのだし、同ブランドが今ではほとんど広告なしでも成長を続けていられるのは、それが理由だ。

ルール①の「細部にまでこだわり、労を注ぐ」というのも、マーケティングの通念とは異なる。これを追求しようとすれば社内から相当の抵抗に遭うだろう。「きれいにできているかどうかなんて、気にするな。とにかくちゃんと動くかどうか確認しろ」「客観的に考えろ。何もかも宣伝できるわけじゃないんだから」「ここでは全体図だけをつかんでおこう」といったセリフは、いずれもブランドを殺しかねない。売っているのが商品であろうとサービスであろうと（加えて言えば、B2CであろうとB2Bであろうと）、優れた消費者体験とは、全ステップが細部の一つに至るまで配慮して築かれている体験のことだ。裏を返せば、細部の細部にまで目が行き届いていて初めて、消費者は満足する。最後の細部が満たされたとき、消費者はロイヤルティを感じるのだ。ブランドにとって、ロイヤルティ構築こそ大切な目的ではないだろうか。

通念に反する六つのルールの中でも、一番守りにくいのは「続けること、固執すること」である。大企業では、ブランドは数カ月で入れ替わる。大々的に新商品プロジェクトを立ち上げても、一年間で消えていく場合もある。だが、短期的なアプローチでは成功しない。それに、商品を本当の意味で世間の人々すべての耳に入れたいと思うなら一億ドル以上かかるだろうが、新商品を立ち上げるためにそんな額を投資できる人物(そして会社も)など、滅多にいないはずだ。

率直に言って、そうしたビジネス構築の手法は、気持ちの上での満足感も与えない。理由の一つは、失敗する余裕がないからだ。クリフバーのゲイリー・エリクソンが新商品の立ち上げに際して学んだ最大の教訓は、失敗と工夫を続けられるよう迅速かつ安上がりに進めることだという。大きな失敗をしたあとも新商品立ち上げを続けられる忍耐力と継続力があったからこそ、エリクソンは大手競合他社から一歩ぬきんでることができたのだ。

非常に言いにくい話だが、継続についてのアドバイスを守ったとしても、それでもやはり失敗する場合は少なくはない。ビジネスモデルやコスト構造が不適切なのかもしれないし、顧客との真の結びつきを築けていないかもしれない。資金繰りに行き詰まったり、市場のタイミングに恵まれなかったりすることもあるだろう。固執し、継続すれば、そうしたつまずきが長引き、痛みも増す。

だが、成功の可能性はその継続を経て初めて訪れる。私がかつて手がけていたブランドは、全米で八％のシェアを占めていたが、コロラド州の中都市デンバーでは三〇％以上のシェアを確保していた。「なぜデンバーだけ多いのだろう？」と疑問に思った。のちにわかったことだが、そのブランドはデンバーを新商品のテスト市場として利用していたのだ。ブランドを拡販するため、試供品配布、プロモーション・イベント、広告など、あらゆる手立てを尽くした。当初はこうした工夫の元を取ることはできず、テスト市場でプラスの投資回収率を出さなかったため、全国レベルでは比較的小規模の取り組みで発売した。だが、二十年以上あとになって見てみると、デンバーでの投資は明らかに賢い選択だった。ただ、それを学ぶだけの忍耐がブランドになかったのである。

六つのルールを念頭に置いたうえで、改めて本書で紹介した七社のケーススタディを振り返っていただきたい。自らの手でブランドを築き上げる作業が、いかにやりがいのある挑戦となるか、理解していただけると思う。それから、普段の生活でも、地元で営業している小さな店舗を贔屓にするのを忘れないことだ。道の向こうの大手チェーンより少し値段が高いからという理由で、あなたがこれまで購入をためらっていた店を、実は近所の誰もが称賛しているかもしれない。あなたもその店の秘密に気づくようになるだろう。

おわりに

どのブランドも、物語で始まり、約束で終わる。あなたが企業家であろうと大会社のマーケターであろうと、物語を描き、約束を守ることを決して忘れてはいけない。自分でビジネスを始めているのなら、その意味をすでにおわかりだろう。夜中の二時までメールを書いたり、自分で土曜に倉庫を見て回ったり、大切な荷物が先方に届くよう宅配便を何度も確認したり——そんな経験があなたにもあるはずだ。しかしそれも長くは続かない。顧客の数が増え、個人個人を憶えられなくなり、全体をひっくるめて「消費者」と呼ぶようになる。そうなった時期にこそ、自分のブランドが消費者に対して示している約束を正しく理解し、スタッフ全員にも周知徹底しなくてはならないのだ。

一流の運動選手や音楽家は、優れた素人と比べて必ずしも身体的に恵まれているわけではない、という説を読んだことがある。一流のアスリートは練習をする際に、まず自分の弱点を分析し、細かい調整を図る。ほんのわずかでも上のレベルに進める方法が見つかれば、筋肉にその方法を憶えさせるのだ。私の考えでは、成功する企業家もこれと同じ才能を発達させている。私たちの多くは、間違いをすると動揺し、悩み、大人であれば周囲に謝罪して次へ進む。だが最高の企業家は、さらにその先へと踏み込む。自分の失敗をとことん検討し、それから失敗の周辺に考えをめぐらせる。同じ失敗を繰り返さない方法を頭の中で実践してみる。ワークショップを受講したり、本を読んだり、シックスシグマを学んだりしたから、という理由で慎重になるわけではない。失敗が他ならぬ自分の財布と心に打撃を与え、家族にすら被害を及ぼしかねないことを知っているから、それを避けるために考えに考えるのだ。私が出会ってきた優秀な企業家は、どんなに事業が成功していようと、皆一様に荒野に立ち尽くす孤高の狼のように悲壮な気分を味わっている。

あなたが大手企業に属し、その母体の庇護のもとで本書を読んでいるのなら、なおさらこの点は憶えておいていただきたい。いつの日か、成功は人生を賭けた問題だと考えるライバルと対決するときが来るかもしれない。そんなブランドには注意が必要だ。相手のほうが、あなたよりも素早い決断をする。相手のほうが細部にこだわり、そこに労を注いでいる。顧客に対してこちらには及ばぬ理解を持っている。あなたを敵と想定しているし、ロイヤルティの高い顧客基盤にもその理由を理解させている。自分の物語を描き出し、顧客にそれを復唱させるすべを心得ている。事業が成長しても顧客の存在を忘れない。そして、決してやすやすとあきらめることはない。

本書では、そうした狼たちが点在する広大な裾野を手短に紹介した。メディアが注目するのはフォーチュン500に数えられる大企業ばかりだが、中小企業はアメリカ経済を織り成す重要な役割を果たしている。米中小企業庁によれば、従業員数が五〇〇人に満たない中小企業が新規雇用の六～八割を創出しているし、アメリカの民間国内総投資の半分以上を生み出しているのだ。さらに重要な点として、中小企業は大手企業の十四倍に及ぶ特許を申請している。認可の割合も倍だ。医薬品業界やバイオ技術業界などをはじめとして、さまざまな業界に目を向けてみれば、最も活気に満ちたダイナミックな仕事は、あなた自身のような、ごく普通の人物が立ち上げた中小企業によってなされていることに気づくだろう。そうした人物が、自分だけのビジネスを築こうという信念のもと、安定した給料を捨てる勇気を奮っていなかったとしたら、今の私たちの生活全体が成り立っていないはずだ。

それからもう一つ。あなたも一人の企業家であるなら、将来を悲観することはない。新規事業の九割が初年度で失敗するとよく言われるが、最近の調査によれば、中小企業の半数近くが少なくとも四年は生き延びる。※ 四年間生き延びられるのなら、儲けを出す方法を見極められる可能性も高い。存続したビジネスを繁栄させるためには、その次のステップを学ぶことだ。顧

※ Knaup, Amy E. "Survival and Longevity in the Business Employment Dynamic Database." Monthly Labor Review, 8.5 (2005).

客にとって必要不可欠な存在となる方法を学ぶのだ。

最後のアドバイスとして、あなたは孤立無援ではないことも憶えておいていただきたい。同じ課題と苛立ちにぶつかっている企業家は、あなたの周りにも数多く存在している。地元の商工会議所、ロータリークラブ、生涯教育プログラム、あるいはビジネス上の社交グループなどを通じて、アイディアやサポートを得られるだろう。それだけではない。大小さまざまな企業を経営する男性や女性の多くが、かつてあなたと同じ立場にいた経験を持ち、喜んで手を差し伸べてくれるだろう。クリフバーのゲイリー・エリクソンが会社の売却を取りやめる決断をしたときも、アウトドア・アパレルブランド「パタゴニア」のイヴォン・シュイナードと、ハーブティメーカー「セレッシャルシーズニング」創業者であるモー・シーゲルのアドバイスをあおいだ。連絡をしてアドバイスを乞うのを恐れてはいけない。そして自分が成功した暁には、受けた好意を返すのも忘れないことだ。

幸運を祈っている。

著 者

デイヴィッド・ヴィンジャムリ

David Vinjamuri

ニューヨーク大学でマーケティング学の教鞭を執る。ジョンソン・エンド・ジョンソンおよびコカコーラでブランド・マネージャーを経験したのち、マーケティング・トレーニングを提供する会社「サードウェイ・ブランド・トレイナーズ」の創業者兼社長を務める。同社のクライアントには、アメリカン・エキスプレス、スターウッド・ホテル&リゾートなどをはじめ、大手の消費者ブランドが名を連ねている。

監 訳

ビービーメディア株式会社 代表取締役社長

佐野 真一

Shinich Sano

1980年、慶應義塾大学商学部卒業後、サントリー株式会社入社。5年間の営業を皮切りに、社内留学、営業企画、情報システム、秘書などを経験。1991年、父親が経営するTVCM制作会社、株式会社アートパブリシティに入社。1999年インタラクティブコンテンツの企画・制作を手掛けるインスト株式会社を設立し、社長に就任。2001年、TVCM部門とWEB部門を一体化したハイブリッドプロダクションを目指してビービーメディア株式会社に社名変更し、現在も多くのクライアントのブランディングコンテンツづくりのアドバイスを行っている。

訳 者

上原 裕美子

Yumiko Uehara

1976年東京生まれ。筑波大学第二学群比較文化学類卒業。出版社勤務、進学塾での英語講師、翻訳会社コーディネータを経て、2005年より翻訳者として独立。主な訳書に、『Web 2.0 ストラテジー　ウェブがビジネスにもたらす意味』(オライリー・ジャパン)、『Small Giants　事業拡大以上の価値を見出した14の企業』、『経営の才覚　創業期に必ず直面する試練と解決』(ともにアメリカン・ブック&シネマ)、『エコがお金を生む経営』(PHP研究所)など。

●英治出版からのお知らせ
弊社ウェブサイト（http://www.eijipress.co.jp/）では新刊書・既刊書のご案内のほか、既刊書を紙の本のイメージそのままで閲覧できる「バーチャル立ち読み」コーナーなどを設けています。ぜひ一度、アクセスしてみてください。

また、本書に関するご意見・ご感想を E-mail（editor@eijipress.co.jp）で受け付けています。たくさんのメールをお待ちしています。

直感のブランディング

「普通」の人が「特別」を生みだした7つの物語《ストーリー》

発行日　2009年11月30日　第1版　第1刷

著　者　デイヴィッド・ヴィンジャムリ
監　訳　佐野真一（さの・しんいち）
訳　者　上原裕美子（うえはら・ゆみこ）
発行人　原田英治
発　行　英治出版株式会社
〒150-0022 東京都渋谷区恵比寿南1-9-12 ピトレスクビル4F
電話　03-5773-0193　FAX：03-5773-0194
URL　http://www.eijipress.co.jp/
プロデューサー　鬼頭穣
スタッフ　原田涼子、高野達成、大西美穂、岩田大志、藤竹賢一郎
デビッド・スターン、山下智也、杉崎真名
百瀬沙穂、渡邉美紀、仁科絵利子、垣内麻由美
装　幀　大森裕二
印刷・製本　大日本印刷株式会社

［検印廃止］ISBN978-4-86276-070-8 C0034

●英治出版の本・好評発売中●

ウォートン経営戦略シリーズ

ネクスト・マーケット
「貧困層」を「顧客」に変える次世代ビジネス戦略

C・K・プラハラード著
480ページ
2800円＋税

世界40〜50億人の貧困層＝ボトム・オブ・ザ・ピラミッド（BOP）は、企業が適切なマーケティングと商品・サービスの提供を行えば、世界最大の成長市場に変わる！　構想十年余、斬新な着眼点と12のケース・スタディで迫る、全く新しいグローバル戦略書。世界各国で大反響を巻き起こし続けている。

プロフェッショナル・アントレプレナー
成長するビジネスチャンスの探求と事業の創造

スコット・A・シェーン著
288ページ
1900円＋税

毎年、おびただしい数の人が起業するが、多くは失敗に終わる。しかし、プロのベンチャー投資家や起業家たちは、一連の「鉄則」にしたがって行動し、成功の確率を飛躍的に高めている。本書は、過去のデータや学術研究にもとづき、成功する起業家に見られる行動様式を「10の鉄則」として紹介する。

顧客投資マネジメント
顧客価値の可視化によるファイナンスとマーケティングの融合

スニル・グプタ 他著
256ページ
1900円＋税

その投資は、効果に見合っているだろうか？　マーケティングの効果は見えづらく、M&Aでの買収価格や企業価値を適切に評価することは難しい。本書は、マーケティングと財務の双方の視点を融合して「顧客価値」を測定する、シンプルかつ実践的な手法を紹介。経営の意思決定に強力な指針を提供。

熱狂する社員
企業競争力を決定するモチベーションの3要素

デビッド・シロタ 他著
320ページ
1900円＋税

どうすれば人は仕事に喜びを感じられるのか。モチベーションを刺激し、仕事に「熱狂する」社員を生み出すためには何が必要なのか。世界250万人への調査から「働くこと」の真実が見えてきた。真に社員を大切にし、個々人の可能性を最大化するマネジメントの在り方と改革のプロセスを鮮やかに描く。